쓰고 채우며 돌아보는

토닥토닥 묵상성경

쓰고 채우며 돌아보는

토닥토닥 묵상성경

성서원 편집부 지음

성서원

머리말

"토닥토닥"

팬데믹으로 인해 지치고 힘든 시간을 보내고 있는 성도님들께 위로와 격려를 전합니다.

오늘날 우리는 그 어느 때보다 더욱 참된 쉼과 치유가 필요한 시대를 살아가고 있습니다. 우리의 육신과 영혼이 쉼을 얻기에 생명 말씀, 진리 말씀인 하나님의 말씀보다 더 좋은 것은 세상에 없습니다. 그러니 우리는 신앙의 초심으로 돌아가 성경을 읽고 묵상하며 따라쓸 필요가 있습니다.

성경 본문을 그대로 따라쓰는 성경은 이미 여러 가지 형태로 출시되어 있습니다. 그 대부분이 신구약 66권 1,189장 31,102절에 달하는 성경 본문 전체를 다루고 있어, 따라쓰기에 오랜 시간과 엄청난 노력, 그리고 인내를 필요로 합니다. 그래서 호기롭게 시작했다가도 오래지 않아 도중에 포기하는 경우가 종종 발생합니다.

《토닥토닥 묵상성경》은 신구약 66권을 전부 취급하되, 각 권별로 전체 내용을 최대한 압축하고 있는 6~9개의 핵심 성경구절을 뽑아놓았습니다. 1년 52주에 맞춰, 성경 66권 전체를 52개의 영역으로 나눠 창세기부터 요한계시록까지 전부 다루었습니다. 말하자면 각 권의 핵심 성경구절로써 성경 66권 전체를 일목요연하게 따라쓰는 가운데 말씀을 묵상하는 성경입니다.

각 권의 핵심 성경구절은 하나하나 우리의 심금을 울리는 주옥같은 말씀들입니다. 그동안 우리가 익히 듣고 읽으며 크게 은혜받은 말씀들이라, 따라쓰는 중에 우리의 심령 속에서 토닥토닥 위로하시고 격려하시는 주님의 따사로운 손길을 느끼실 수 있을 것입니다.

이에 더하여, 지치고 고단한 우리 영혼을 토닥토닥 달래주는 명언과 금언들이 책의 중간중간에 소개되어 있고, 각 권의 핵심 성경구절을 다 따라 쓴 후에는 '주간 묵상일기'와 '주간 감사기도'를 통해 한 주간을 은혜롭게 마무리하실 수 있습니다.

모쪼록 《토닥토닥 묵상성경》과 더불어 핵심 성경구절을 따라쓰고 묵상하는 가운데 주님 안에서 참된 위로와 격려를 누리시기를 기도합니다.

샬롬!

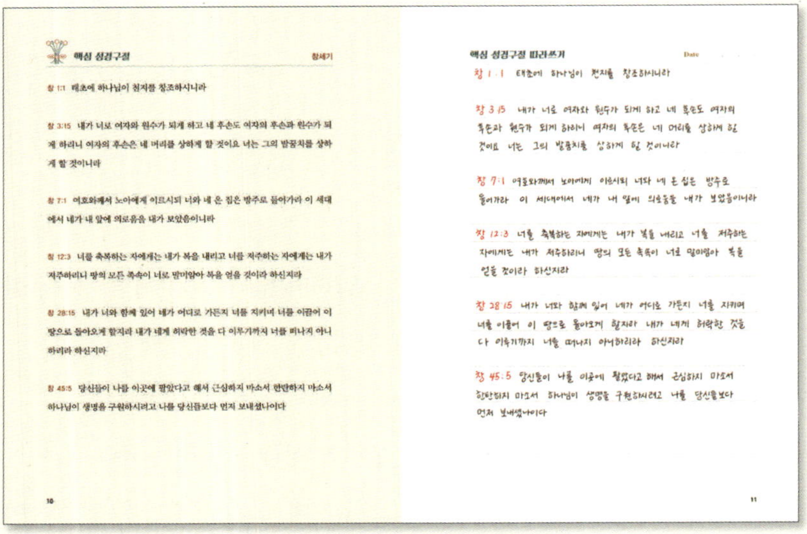

핵심 성경구절 창세기

창 1:1 태초에 하나님이 천지를 창조하시니라

창 3:15 내가 너로 여자와 원수가 되게 하고 네 후손도 여자의 후손과 원수가 되게 하리니 여자의 후손은 네 머리를 상하게 할 것이요 너는 그의 발꿈치를 상하게 할 것이니라

창 7:1 여호와께서 노아에게 이르시되 너와 네 온 집은 방주로 들어가라 이 세대에서 네가 내 앞에 의로움을 내가 보았음이니라

창 12:3 너를 축복하는 자에게는 내가 복을 내리고 너를 저주하는 자에게는 내가 저주하리니 땅의 모든 족속이 너로 말미암아 복을 얻을 것이라 하신지라

창 28:15 내가 너와 함께 있어 네가 어디로 가든지 너를 지키며 너를 이끌어 이 땅으로 돌아오게 할지라 내가 네게 허락한 것을 다 이루기까지 너를 떠나지 아니하리라 하신지라

창 45:5 당신들이 나를 이곳에 팔았다고 해서 근심하지 마소서 한탄하지 마소서 하나님이 생명을 구원하시려고 나를 당신들보다 먼저 보내셨나이다

10

핵심 성경구절 따라쓰기 Date

11

Q. 왜 성경 전부가 아니고 일부 핵심 성경구절들만 뽑았나요?

A. 머리말에서 밝혔듯이, 성경 전체를 따라쓰는 책들은 이미 여러 모양으로 출간된 바 있습니다. 이 책의 목적은 각 권의 핵심 성경구절들을 따라쓰면서 짧은 시간 내에 성경을 개괄적으로 살펴보고, 하나님의 말씀으로 위로받고 격려받도록 하는 것입니다. 단, 너무 큰 글자로 성경구절을 따라 쓸 경우 공간이 부족할 수도 있으니, 적당한 크기로 따라쓰면 되겠습니다.

Q. 성경 각 권의 핵심 성경 구절을 무슨 기준으로, 어떻게 뽑았나요?

A. 성경 66권을 분량에 따라 1년 52주로 나눈 뒤, 각 권에서 그 책의 내용을 특징적으로 드러내고 있는 구절들을 적게는 6개부터 많게는 9개까지 선정했습니다. 따라서 핵심 성경구절들을 잘 읽고 따라쓰면, 그 책의 전체적인 내용을 살펴볼 수 있습니다.

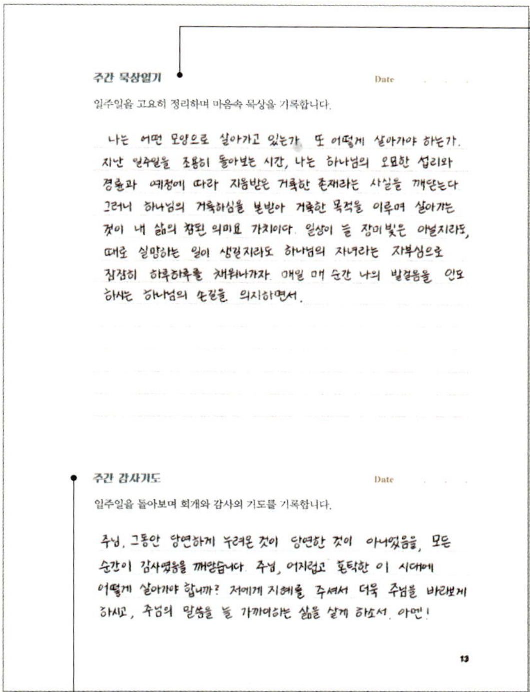

주간 묵상일기 Date

일주일을 고요히 정리하며 마음속 묵상을 기록합니다.

나는 어떤 모양으로 살아가고 있는가. 또 어떻게 살아가야 하는가. 지난 일주일을 조용히 돌아보는 시간, 나는 하나님의 오묘한 섭리와 경륜과 예정에 따라 지음받은 거룩한 존재라는 사실을 깨닫는다 그러니 하나님의 거룩하심을 본받아 거룩한 목적을 이루며 살아가는 것이 내 삶의 참된 의미요 가치이다. 일상이 늘 장미빛은 아닐지라도, 때로 실망하는 일이 생길지라도 하나님의 자녀라는 자부심으로 잠잠히 하루하루를 채워나가자. 매일 매 순간 나의 발걸음을 인도하시는 하나님의 손길을 의지하면서.

주간 감사기도 Date

일주일을 돌아보며 회개와 감사의 기도를 기록합니다.

주님, 그동안 당연하게 누려온 것이 당연한 것이 아니었음을, 모든 순간이 감사였음을 깨달읍니다. 주님, 어지럽고 혼탁한 이 시대에 어떻게 살아가야 합니까? 저에게 지혜를 주셔서 더욱 주님을 바라보게 하시고, 주님의 말씀을 늘 가까이하는 삶을 살게 하소서. 아멘!

13

Q. 주간 묵상일기 공간에는 어떤 내용을 적어야 하나요?

A. 딱히 정해진 내용은 없습니다. 혼자만의 고요한 시간에 눈을 감고 묵상해 보세요. 열심히 혹은 정신없이 살아온 지난 일주일 동안 주님의 손길이, 주님의 말씀이 내게 어떤 의미로 역사하고 다가왔는지, 내가 무엇을 깨달았는지 또 무엇이 부족했는지, 그저 마음속에 떠오르는 이런저런 내용들을 스케치하듯 적으면 됩니다(날짜와 시간을 기록해도 됩니다). 이런 작업들이 쌓이다 보면 영성 훈련과 신앙 성숙에 크게 도움이 될 것입니다.

Q. 주간 감사기도는 무엇인가요?

A. 마치 소가 음식물을 되새김질하듯, 지난 일주일을 찬찬히 돌아보면서 하나님께 '감사의 기도'를 짧게 적어보는 공간입니다.

Q. 주간 감사기도 공간에는 무얼 적으면 좋을까요?

A. 지난 일주일의 삶을 돌아보면 주님께 감사할 일들이 떠오를 거예요. 회개해야 할 일들도요. 그런 감사와 회개의 말들을 간략하게 적으면 됩니다. 이 훈련은 주님 안에서의 자기 계발과 성장에 많은 도움을 줄 것입니다.

맨 처음 이 세상은

어둠과 공허와 형태 없는 무질서 상태였다.

하나님은 그런 혼돈과 무질서 상태를 말끔히 정리하셔서

아름다운 조화와 질서의 상태로 만드셨다.

핵심 성경구절

창 1:1 태초에 하나님이 천지를 창조하시니라

창 3:15 내가 너로 여자와 원수가 되게 하고 네 후손도 여자의 후손과 원수가 되게 하리니 여자의 후손은 네 머리를 상하게 할 것이요 너는 그의 발꿈치를 상하게 할 것이니라

창 7:1 여호와께서 노아에게 이르시되 너와 네 온 집은 방주로 들어가라 이 세대에서 네가 내 앞에 의로움을 내가 보았음이니라

창 12:3 너를 축복하는 자에게는 내가 복을 내리고 너를 저주하는 자에게는 내가 저주하리니 땅의 모든 족속이 너로 말미암아 복을 얻을 것이라 하신지라

창 28:15 내가 너와 함께 있어 네가 어디로 가든지 너를 지키며 너를 이끌어 이 땅으로 돌아오게 할지라 내가 네게 허락한 것을 다 이루기까지 너를 떠나지 아니하리라 하신지라

창 45:5 당신들이 나를 이곳에 팔았다고 해서 근심하지 마소서 한탄하지 마소서 하나님이 생명을 구원하시려고 나를 당신들보다 먼저 보내셨나이다

핵심 성경구절 따라쓰기

Date . . .

하나님은 어둠에서 빛을,
물로부터 하늘과 육지를 질서 있게 나누셨다.
이처럼 세상에 대하여
조화와 질서와 아름다움을 이루신 하나님은
오늘날 '나'라는 작은 세상에 대해서도
역시 질서와 조화를 이루어주신다.
비록 죄와 상처와 실패로 우리가 무질서하고
혼돈스럽게 되었을지라도,
하나님은 우리를 버리지 않으시고
다시금 조화와 질서의 아름다운 상태로
치유하시고 회복시켜 주신다.

주간 묵상일기

Date . . .

일주일을 고요히 정리하며 마음속 묵상을 기록합니다.

주간 감사기도

Date . . .

일주일을 돌아보며 회개와 감사의 기도를 기록합니다.

출 2:24-25 하나님이 그들의 고통 소리를 들으시고 하나님이 아브라함과 이삭과 야곱에게 세운 그의 언약을 기억하사 하나님이 이스라엘 자손을 돌보셨고 하나님이 그들을 기억하셨더라

출 12:13 내가 애굽 땅을 칠 때에 그 피가 너희가 사는 집에 있어서 너희를 위하여 표적이 될지라 내가 피를 볼 때에 너희를 넘어가리니 재앙이 너희에게 내려 멸하지 아니하리라

출 19:5-6 세계가 다 내게 속하였나니 너희가 내 말을 잘 듣고 내 언약을 지키면 너희는 모든 민족 중에서 내 소유가 되겠고 너희가 내게 대하여 제사장 나라가 되며 거룩한 백성이 되리라 너는 이 말을 이스라엘 자손에게 전할지니라

출 24:8 모세가 그 피를 가지고 백성에게 뿌리며 이르되 이는 여호와께서 이 모든 말씀에 대하여 너희와 세우신 언약의 피니라

출 40:34-35 구름이 회막에 덮이고 여호와의 영광이 성막에 충만하매 모세가 회막에 들어갈 수 없었으니 이는 구름이 회막 위에 덮이고 여호와의 영광이 성막에 충만함이었으며

핵심 성경구절 따라쓰기

Date . . .

황량하고 거친 들판에 우람하게 서 있는 큰 바위,

아무도 이 바위를 움직일 수 없다.

아무리 세찬 바람이 불어도 꿈쩍 안 한다.

폭풍우가 몰아쳐도 이 바위는 초연하다.

이 바위는 언제나 한결같이 똑같은 자리를 그대로 지키고 있다.

우리의 하나님이 바로 이런 큰 바위와 같은 분이시다.

우리가 기쁠 때도 슬플 때도 힘들고 피곤할 때도,

하나님은 우리 곁에 항상 우리와 함께 계신다.

주간 묵상일기

Date . . .

일주일을 고요히 정리하며 마음속 묵상을 기록합니다.

주간 감사기도

Date . . .

일주일을 돌아보며 회개와 감사의 기도를 기록합니다.

핵심 성경구절

레 1:2 이스라엘 자손에게 말하여 이르라 너희 중에 누구든지 여호와께 예물을 드리려거든 가축 중에서 소나 양으로 예물을 드릴지니라

레 11:45 나는 너희의 하나님이 되려고 너희를 애굽 땅에서 인도하여 낸 여호와라 내가 거룩하니 너희도 거룩할지어다

레 16:21-22 아론은 그의 두 손으로 살아 있는 염소의 머리에 안수하여 이스라엘 자손의 모든 불의와 그 범한 모든 죄를 아뢰고 그 죄를 염소의 머리에 두어 미리 정한 사람에게 맡겨 광야로 보낼지니 염소가 그들의 모든 불의를 지고 접근하기 어려운 땅에 이르거든 그는 그 염소를 광야에 놓을지니라

레 17:11 육체의 생명은 피에 있음이라 내가 이 피를 너희에게 주어 제단에 뿌려 너희의 생명을 위하여 속죄하게 하였나니 생명이 피에 있으므로 피가 죄를 속하느니라

레 26:3-4 너희가 내 규례와 계명을 준행하면 내가 너희에게 철따라 비를 주리니 땅은 그 산물을 내고 밭의 나무는 열매를 맺으리라

핵심 성경구절 따라쓰기

Date . . .

갈등, 시기, 차별, 탐욕, 교만, 증오, 전쟁.
이 세상에는 많은 어둠이 있다.
이런 어둠 속에서 예수님은
자신이 세상의 빛이라고 명쾌하게 말씀하셨다.
그분을 믿고 따르는 우리는 빛의 자녀들이다.
빛의 자녀 된 우리는 그분의 빛 되심을
세상에 널리 알려야 한다.
또한 어둠의 세력이 우리를 지배하려고 위협할 때,
참된 빛이신 예수 그리스도를 의지하여
세상의 어둠을 물리쳐야 한다.

주간 묵상일기

Date . . .

일주일을 고요히 정리하며 마음속 묵상을 기록합니다.

주간 감사기도

Date . . .

일주일을 돌아보며 회개와 감사의 기도를 기록합니다.

민 1:2 너희는 이스라엘 자손의 모든 회중 각 남자의 수를 그들의 종족과 조상의 가문에 따라 그 명수대로 계수할지니

민 6:24-26 여호와는 네게 복을 주시고 너를 지키시기를 원하며 여호와는 그의 얼굴을 네게 비추사 은혜 베푸시기를 원하며 여호와는 그 얼굴을 네게로 향하여 드사 평강 주시기를 원하노라 할지니라 하라

민 14:8 여호와께서 우리를 기뻐하시면 우리를 그 땅으로 인도하여 들이시고 그 땅을 우리에게 주시리라 이는 과연 젖과 꿀이 흐르는 땅이니라

민 14:33 너희의 자녀들은 너희 반역한 죄를 지고 너희의 시체가 광야에서 소멸되기까지 사십 년을 광야에서 방황하는 자가 되리라

민 21:9 모세가 놋뱀을 만들어 장대 위에 다니 뱀에게 물린 자가 놋뱀을 쳐다본즉 모두 살더라

민 24:17 한 별이 야곱에게서 나오며 한 규가 이스라엘에게서 일어나서 모압을 이쪽에서 저쪽까지 쳐서 무찌르고 또 셋의 자식들을 다 멸하리로다

핵심 성경구절 따라쓰기

Date . . .

우리를 자유케 하는 '진리'는 무엇인가?

그 진리는 예수님이시다.

예수님이 진리인 것은 그분은 모든 옳은 것의

완전한 척도로서 진리의 근원이시기 때문이다.

참 진리이신 예수님은

우리를 모든 뒤틀린 상태

곧 죄와 사망으로부터, 자기 기만으로부터,

사탄의 속임수로부터 해방시켜 주신다.

예수님은 죄의 법에 빠진 우리를 생명의 법으로

해방시켜 주심으로써 참 자유를 주신다.

주간 묵상일기

Date . . .

일주일을 고요히 정리하며 마음속 묵상을 기록합니다.

주간 감사기도

Date . . .

일주일을 돌아보며 회개와 감사의 기도를 기록합니다.

오늘날 하나님은 믿는 자들과 새 언약을 맺으셨다.
그것은 예수 그리스도를 통한 구원의 약속이다.
우리는 그 약속이 반드시 지켜질 것임을
의심하지 말아야 한다.

핵심 성경구절

신 4:1 이스라엘아 이제 내가 너희에게 가르치는 규례와 법도를 듣고 준행하라 그리하면 너희가 살 것이요 너희 조상의 하나님 여호와께서 너희에게 주시는 땅에 들어가서 그것을 얻게 되리라

신 6:4-5 이스라엘아 들으라 우리 하나님 여호와는 오직 유일한 여호와이시니 너는 마음을 다하고 뜻을 다하고 힘을 다하여 네 하나님 여호와를 사랑하라

신 7:6 너는 여호와 네 하나님의 성민이라 네 하나님 여호와께서 지상 만민 중에서 너를 자기 기업의 백성으로 택하셨나니

신 10:16 그러므로 너희는 마음에 할례를 행하고 다시는 목을 곧게 하지 말라

신 26:17 네가 오늘 여호와를 네 하나님으로 인정하고 또 그 도를 행하고 그의 규례와 명령과 법도를 지키며 그의 소리를 들으리라

신 33:29 이스라엘이여 너는 행복한 사람이로다 여호와의 구원을 너 같이 얻은 백성이 누구냐 그는 너를 돕는 방패시요 네 영광의 칼이시로다 네 대적이 네게 복종하리니 네가 그들의 높은 곳을 밟으리로다

핵심 성경구절 따라쓰기

Date . . .

오늘날 우리는 종종 분주하게 움직인다.
하지만 한 번쯤 멈추어 서라.
정말로 당신이 오래도록 바쁘게 일해 왔다면,
어쩌면 당신은 하나님이 당신에게 말씀하시는 것을
차분하게 들을 시간을 갖지 못했을 수 있다.
하나님의 음성은 항상 우리에게 말씀하고 계신다.
그분의 목소리는 '조용한 작은 목소리'다.
우리가 그 목소리를 듣기 위해선
분주함에서 벗어나 속도를 늦추어야 한다.

주간 묵상일기

Date . . .

일주일을 고요히 정리하며 마음속 묵상을 기록합니다.

주간 감사기도

Date . . .

일주일을 돌아보며 회개와 감사의 기도를 기록합니다.

수 1:2-3 내 종 모세가 죽었으니 이제 너는 이 모든 백성과 더불어 일어나 이 요단을 건너 내가 그들 곧 이스라엘 자손에게 주는 그 땅으로 가라 내가 모세에게 말한 바와 같이 너희 발바닥으로 밟는 곳은 모두 내가 너희에게 주었노니

수 1:9 내가 네게 명령한 것이 아니냐 강하고 담대하라 두려워하지 말며 놀라지 말라 네가 어디로 가든지 네 하나님 여호와가 너와 함께 하느니라 하시니라

수 6:27 여호와께서 여호수아와 함께 하시니 여호수아의 소문이 그 온 땅에 퍼지니라

수 10:12-13 태양아 너는 기브온 위에 머무르라 달아 너도 아얄론 골짜기에서 그리할지어다 하매 태양이 머물고 달이 멈추기를 백성이 그 대적에게 원수를 갚기까지 하였느니라

수 11:9 여호수아가 여호와께서 자기에게 명령하신 대로 행하여 그들의 말 뒷발의 힘줄을 끊고 그들의 병거를 불로 살랐더라

수 11:23 이와 같이 여호수아가 여호와께서 모세에게 말씀하신 대로 그 온 땅을 점령하여 이스라엘 지파의 구분에 따라 기업으로 주매 그 땅에 전쟁이 그쳤더라

핵심 성경구절 따라쓰기

Date . . .

우리는 스스로를 특별한 존재라고 느끼지 못한다.
때로는 참 무가치한 존재인 양 느껴지기도 한다.
바로 이런 때, 성경은 우리가 하나님의 형상대로 지음받은
아주 특별한 존재라는 사실을 일깨워준다.
하나님은 나를 위대한 작품으로 만드셨다.
때로 자신에 대해 낙심될 때 이 사실을 기억하라.
그리고 하나님의 위대한 작품답게
상처와 실패를 극복하고 위대한 삶을 살아가라.

주간 묵상일기

Date . . .

일주일을 고요히 정리하며 마음속 묵상을 기록합니다.

주간 감사기도

Date . . .

일주일을 돌아보며 회개와 감사의 기도를 기록합니다.

삿 2:2-3 너희는 이 땅의 주민과 언약을 맺지 말며 그들의 제단들을 헐라 하였거늘 너희가 내 목소리를 듣지 아니하였으니 어찌하여 그리하였느냐 그러므로 내가 또 말하기를 내가 그들을 너희 앞에서 쫓아내지 아니하리니 그들이 너희 옆구리에 가시가 될 것이며 그들의 신들이 너희에게 올무가 되리라

삿 5:31 여호와여 주의 원수들은 다 이와 같이 망하게 하시고 주를 사랑하는 자들은 해가 힘 있게 돋음 같게 하시옵소서

삿 6:1 이스라엘 자손이 또 여호와의 목전에 악을 행하였으므로

삿 7:2 여호와께서 기드온에게 이르시되 너를 따르는 백성이 너무 많은즉 내가 그들의 손에 미디안 사람을 넘겨주지 아니하리니 이는 이스라엘이 나를 거슬러 스스로 자랑하기를 내 손이 나를 구원하였다 할까 함이니라

삿 16:28 삼손이 여호와께 부르짖어 이르되 주 여호와여 구하옵나니 나를 생각하옵소서 하나님이여 구하옵나니 이번만 나를 강하게 하사 나의 두 눈을 뺀 블레셋 사람에게 원수를 단번에 갚게 하옵소서

삿 21:25 그 때에 이스라엘에 왕이 없으므로 사람이 각기 자기의 소견에 옳은 대로 행하였더라

핵심 성경구절 따라쓰기

Date . . .

죄를 지으면

누군가에게 상처를 주고 스스로에게도 상처가 남는다.

남의 죄를 용서하는 것도 힘들지만,

자신의 죄를 용서하는 그 용서를 받아들이는 것도 쉽지 않다.

그러나 누군가에게 용서를 받으면

우리는 그 용서를 받아들이고 스스로를 용서해야 한다.

그래야만 우리 속에 남겨진 상처가 제대로 아물 수 있다.

믿음이란 우리를 향한 예수님의 용서를

겸손하게 받아들이는 것이다.

주간 묵상일기

Date . . .

일주일을 고요히 정리하며 마음속 묵상을 기록합니다.

주간 감사기도

Date . . .

일주일을 돌아보며 회개와 감사의 기도를 기록합니다.

핵심 성경구절

룻 1:1 사사들이 치리하던 때에 그 땅에 흉년이 드니라 유다 베들레헴에 한 사람이 그의 아내와 두 아들을 데리고 모압 지방에 가서 거류하였는데

룻 1:3-4 나오미의 남편 엘리멜렉이 죽고 나오미와 그의 두 아들이 남았으며 그들은 모압 여자 중에서 그들의 아내를 맞이하였는데 하나의 이름은 오르바요 하나의 이름은 룻이더라

룻 1:16 룻이 이르되 내게 어머니를 떠나며 어머니를 따르지 말고 돌아가라 강권하지 마옵소서 어머니께서 가시는 곳에 나도 가고 어머니께서 머무시는 곳에서 나도 머물겠나이다 어머니의 백성이 나의 백성이 되고 어머니의 하나님이 나의 하나님이 되시리니

룻 2:8 보아스가 룻에게 이르되 내 딸아 들으라 이삭을 주우러 다른 밭으로 가지 말며 여기서 떠나지 말고 나의 소녀들과 함께 있으라

룻 3:9 나는 당신의 여종 룻이오니 당신의 옷자락을 펴 당신의 여종을 덮으소서 이는 당신이 기업을 무를 자가 됨이니이다

룻 4:13 이에 보아스가 룻을 맞이하여 아내로 삼고 그에게 들어갔더니 여호와께서 그에게 임신하게 하시므로 그가 아들을 낳은지라

핵심 성경구절 따라쓰기

Date . . .

성경에서 가장 많이 언급된 병명은 '나병'이다.

나병은 가장 두렵고 끔찍한 질병으로,

인간의 몸을 파멸시켰고 무엇보다 전염성이 매우 높았다.

성경이 나병에 깊은 관심을 기울이고 있는 것은

그 병이 '죄'를 상징하기 때문이다.

죄는 우리의 삶을 송두리째 파괴한다.

하지만 치유와 회복의 길은 있다!

오직 예수 그리스도의 십자가 보혈만이

영혼의 나병인 죄를 능히 치유할 수 있다.

주간 묵상일기

Date . . .

일주일을 고요히 정리하며 마음속 묵상을 기록합니다.

주간 감사기도

Date . . .

일주일을 돌아보며 회개와 감사의 기도를 기록합니다.

모래먼지 휘날리는 허허벌판의 거친 광야,

그 광야에 언제나 변함없이 우뚝 서 있는 크고 우람한 바위.

우리의 하나님이 바로 이런 큰 바위와도 같은 분이시다.

삼상 2:1 한나가 기도하여 이르되 내 마음이 여호와로 말미암아 즐거워하며 내 뿔이 여호와로 말미암아 높아졌으며 내 입이 내 원수들을 향하여 크게 열렸으니 이는 내가 주의 구원으로 말미암아 기뻐함이니이다

삼상 10:1 이에 사무엘이 기름병을 가져다가 사울의 머리에 붓고 입맞추며 이르되 여호와께서 네게 기름을 부으사 그의 기업의 지도자로 삼지 아니하셨느냐

삼상 16:13 사무엘이 기름 뿔병을 가져다가 그의 형제 중에서 그에게 부었더니 이 날 이후로 다윗이 여호와의 영에게 크게 감동되니라

삼상 17:45 다윗이 블레셋 사람에게 이르되 너는 칼과 창과 단창으로 내게 나아오거니와 나는 만군의 여호와의 이름 곧 네가 모욕하는 이스라엘 군대의 하나님의 이름으로 네게 나아가노라

삼상 18:7 사울이 죽인 자는 천천이요 다윗은 만만이로다

삼상 18:28-29 여호와께서 다윗과 함께 계심을 사울이 보고 알았고 사울의 딸 미갈도 그를 사랑하므로 사울이 다윗을 더욱더욱 두려워하여 평생에 다윗의 대적이 되니라

핵심 성경구절 따라쓰기

Date . . .

예수님의 제자들은

무리들로부터 조롱과 멸시를 당하고 핍박을 받았다.

그들이 사회에 해를 끼치거나 남을 미워하거나 하는 일 없이,

돕고 고쳐주고 위로해 주는데도 왜 핍박과 환난을 겪을까?

예수님이 미리 일러주신 대로 이 세상은

공중 권세 잡은 사탄의 영향력 하에 놓여 있기 때문이다.

그러므로 믿는다는 일은 '영적 전투'다.

예수님을 의지하고 담대히 믿음의 싸움을 싸우라!

주간 묵상일기

Date . . .

일주일을 고요히 정리하며 마음속 묵상을 기록합니다.

주간 감사기도

Date . . .

일주일을 돌아보며 회개와 감사의 기도를 기록합니다.

삼하 3:1 사울의 집과 다윗의 집 사이에 전쟁이 오래매 다윗은 점점 강하여 가고 사울의 집은 점점 약하여 가니라

삼하 5:4-5 다윗이 나이가 삼십 세에 왕위에 올라 사십 년 동안 다스렸으되 헤브론에서 칠 년 육 개월 동안 유다를 다스렸고 예루살렘에서 삼십삼 년 동안 온 이스라엘과 유다를 다스렸더라

삼하 7:16 네 집과 네 나라가 내 앞에서 영원히 보전되고 네 왕위가 영원히 견고하리라

삼하 16:11-12 또 다윗이 아비새와 모든 신하들에게 이르되 내 몸에서 난 아들도 내 생명을 해하려 하거든 하물며 이 베냐민 사람이랴 여호와께서 그에게 명령하신 것이니 그가 저주하게 버려두라 혹시 여호와께서 나의 원통함을 감찰하시리니 오늘 그 저주 때문에 여호와께서 선으로 내게 갚아 주시리라

삼하 18:33 내 아들 압살롬아 내 아들 내 아들 압살롬아 차라리 내가 너를 대신하여 죽었더면, 압살롬 내 아들아 내 아들아

삼하 23:5 하나님이 나와 더불어 영원한 언약을 세우사 만사에 구비하고 견고하게 하셨으니 나의 모든 구원과 나의 모든 소원을 어찌 이루지 아니하시랴

핵심 성경구절 따라쓰기

Date . . .

삶은 용기를 필요로 한다. 용기란 무엇일까?

어떤 영웅적인 행동도 용기라고 할 수 있지만,

매일의 삶에서 요구되는 용기가 있다.

믿는 자들은 그런 종류의 용기를 필요로 한다.

믿는 자들이 진정 믿는 자답게 살아가기 위해서는

신앙의 용기가 있어야 한다.

세상의 가치가 지배하는 이 세상에서 믿는 자들이

하나님의 이름으로 살아간다는 것은

진정 용기를 필요로 하는 일이다.

주간 묵상일기

Date . . .

일주일을 고요히 정리하며 마음속 묵상을 기록합니다.

주간 감사기도

Date . . .

일주일을 돌아보며 회개와 감사의 기도를 기록합니다.

핵심 성경구절

왕상 2:1-3 다윗이 죽을 날이 임박하매 그의 아들 솔로몬에게 명령하여 이르되 내가 이제 세상 모든 사람이 가는 길로 가게 되었노니 너는 힘써 대장부가 되고 네 하나님 여호와의 명령을 지켜 그 길로 행하여 그 법률과 계명과 율례와 증거를 모세의 율법에 기록된 대로 지키라 그리하면 네가 무엇을 하든지 어디로 가든지 형통할지라

왕상 4:29-30 하나님이 솔로몬에게 지혜와 총명을 심히 많이 주시고 또 넓은 마음을 주시되 바닷가의 모래 같이 하시니 솔로몬의 지혜가 동쪽 모든 사람의 지혜와 애굽의 모든 지혜 보다 뛰어난지라

왕상 11:35-36 내가 그의 아들의 손에서 나라를 빼앗아 그 열 지파를 네게 줄 것이요 그의 아들에게는 내가 한 지파를 주어서 내가 거기에 내 이름을 두고자 하여 택한 성읍 예루살렘에서 내 종 다윗이 항상 내 앞에 등불을 가지고 있게 하리라

왕상 18:21 엘리야가 모든 백성에게 가까이 나아가 이르되 너희가 어느 때까지 둘 사이에서 머뭇머뭇 하려느냐 여호와가 만일 하나님이면 그를 따르고 바알이 만일 하나님이면 그를 따를지니라

핵심 성경구절 따라쓰기

Date . . .

우리 주변에는 술이나 마약, 성, 폭력 같은
위험한 대상물이 널려 있다.
만일 이런 것들에 속박되면 벗어나기가 아주 힘들다.
하나님은 우리가 이런 것들에 중독되어
파멸하는 것을 기뻐하지 않으신다.
죄는 강력한 중독성이 있는 것임에 분명하다.
하지만 모든 중독에는 해독제도 있기 마련이다.
그 해독제는 하나님의 말씀이다.
하나님은 말씀의 능력으로 죄인을 치유해 주신다.

주간 묵상일기

Date . . .

일주일을 고요히 정리하며 마음속 묵상을 기록합니다.

주간 감사기도

Date . . .

일주일을 돌아보며 회개와 감사의 기도를 기록합니다.

왕하 2:9 엘리야가 엘리사에게 이르되 나를 네게서 데려감을 당하기 전에 내가 네게 어떻게 할지를 구하라 엘리사가 이르되 당신의 성령이 하시는 역사가 갑절이나 내게 있게 하소서 하는지라

왕하 6:16-17 대답하되 두려워하지 말라 우리와 함께 한 자가 그들과 함께 한 자가 그들과 함께 한 자보다 많으니라 하고 기도하여 이르되 여호와여 원하건대 그의 눈을 열어서 보게 하옵소서 하니 여호와께서 그 청년의 눈을 여시매 그가 보니 불말과 불병거가 산에 가득하여 엘리사를 둘렀더라

왕하 13:23 여호와께서 아브라함과 이삭과 야곱과 더불어 세우신 언약 때문에 이스라엘에게 은혜를 베풀며 그들을 불쌍히 여기시며 돌보사 멸하기를 즐겨하지 아니하시고 이때까지 자기 앞에서 쫓아내지 아니하셨더라

왕하 19:19 우리 하나님 여호와여 원하건대 이제 우리를 그의 손에서 구원하옵소서 그리하시면 천하만국이 주 여호와가 홀로 하나님이신 줄 알리이다

왕하 25:21-22 바벨론 왕이 하맛 땅 리블라에서 다 쳐죽였더라 이와 같이 유다가 사로잡혀 본토에서 떠났더라 유다 땅에 머물러 있는 백성은 곧 바벨론 왕 느부갓네살이 남긴 자라 왕이 사반의 손자 아히감의 아들 그달리야가 관할하게 하였더라

핵심 성경구절 따라쓰기

Date . . .

하나님은 우리에게
새 영과 새 마음이 필요하다고 말씀하셨다.
우리 인간은 한 사람도 예외 없이
죄 된 본성을 가지고 태어나기 때문이다.
우리 안에 새 영과 새 마음을 심는 것은
마치 병든 심장을 떼어내고
건강한 새 심장을 이식하는 것과 같다.
영적인 의미에서, 하나님은 우리의 병든 심장을 떼어내고
새로운 심장으로 교체해주신다.
그러면 우리는 새롭게 변화된 삶을 살아갈 수 있다.

주간 묵상일기

Date . . .

일주일을 고요히 정리하며 마음속 묵상을 기록합니다.

주간 감사기도

Date . . .

일주일을 돌아보며 회개와 감사의 기도를 기록합니다.

대상 2:1-2 이스라엘의 아들은 이러하니 르우벤과 시므온과 레위와 유다와 잇사갈과 스불론과 단과 요셉과 베냐민과 납달리와 갓과 아셀이러라

대상 10:13-14 사울이 죽은 것은 여호와께 범죄하였기 때문이라 그가 여호와의 말씀을 지키지 아니하고 또 신접한 자에게 가르치기를 청하고 여호와께 묻지 아니하였으므로 여호와께서 그를 죽이시고 그 나라를 이새의 아들 다윗에게 넘겨주셨더라

대상 18:13 다윗이 어디로 가든지 여호와께서 이기게 하셨더라

대상 21:18 여호와의 천사가 갓을 명령하여 다윗에게 이르시기를 다윗은 올라가서 여부스 사람 오르난의 타작 마당에서 여호와를 위하여 제단을 쌓으라 하신지라

대상 28:9 내 아들 솔로몬아 너는 네 아버지의 하나님을 알고 온전한 마음과 기쁜 뜻으로 섬길지어다 여호와께서는 모든 마음을 감찰하사 모든 의도를 아시나니 네가 만일 그를 찾으면 만날 것이요 만일 네가 그를 버리면 그가 너를 영원히 버리시리라

핵심 성경구절 따라쓰기

Date . . .

성경은 예수 그리스도를 신랑으로,

교회를 그분의 신부로 묘사한다.

예수님은 신부 된 교회를 지극히 사랑하셔서

그 죄를 대신 짊어진 채 십자가에 달리셨고,

머리에는 가시관이 씌워졌으며, 손에는 굵은 못이 박혔다.

바로 여기에 교회를 향한 그리스도의 사랑이 있다!

예수님은 자기 신부를 향해

십자가 위에서 피 묻은 손을 뻗치셨다.

그 손으로 자신의 신부 된 교회를 사랑으로 포옹하셨다.

주간 묵상일기

Date . . .

일주일을 고요히 정리하며 마음속 묵상을 기록합니다.

주간 감사기도

Date . . .

일주일을 돌아보며 회개와 감사의 기도를 기록합니다.

오늘날 우리는 바쁘게 움직인다.

하지만 한 번쯤 멈추어 서서 귀를 기울여보라.

하나님께서 당신에게 말씀하시는

미세한 내면의 소리를 들어보라.

대하 2:1 솔로몬이 여호와의 이름을 위하여 성전을 건축하고 자기 왕위를 위하여 궁궐 건축하기를 결심하니라

대하 5:1 솔로몬이 여호와의 전을 위하여 만드는 모든 일을 마친지라 이에 솔로몬이 그의 아버지 다윗이 드린 은과 금과 모든 기구를 가져다가 하나님의 전 곳간에 두었더라

대하 14:11 아사가 그의 하나님 여호와께 부르짖어 이르되 여호와여 힘이 강한 자와 약한 자 사이에는 주 밖에 도와 줄 이가 없사오니 우리 하나님 여호와여 우리를 도우소서

대하 20:15 너희는 이 큰 무리로 말미암아 두려워하거나 놀라지 말라 이 전쟁은 너희에게 속한 것이 아니요 하나님께 속한 것이니라

대하 30:9 너희가 만일 여호와께 돌아오면 너희 형제들과 너희 자녀가 사로잡은 자들에게서 자비를 입어 다시 이 땅으로 돌아오리라 너희 하나님 여호와는 은혜로우시고 자비하신지라 너희가 그에게로 돌아오면 그의 얼굴을 너희에게서 돌이키지 아니하시리라

핵심 성경구절 따라쓰기

Date . . .

작은 크기에 비해

엄청난 영향력을 행사하는 것이 있다면,

단연 사람의 '혀'다.

혀는 만약 잘못 사용하면

모든 것을 허망하게 태우는 지옥불이 된다.

한 번 내뱉은 말은 거두어들일 수 없다.

믿는 자들은 부단한 훈련을 통해 혀를 잘 길들여야 한다.

하나님께 찬양을 드리는 혀로,

믿음의 형제와 이웃을 위로하고 격려하는

혀로 길들여야 한다.

주간 묵상일기

Date . . .

일주일을 고요히 정리하며 마음속 묵상을 기록합니다.

주간 감사기도

Date . . .

일주일을 돌아보며 회개와 감사의 기도를 기록합니다.

핵심 성경구절

스 1:2-3 바사 왕 고레스는 말하노니 하늘의 하나님 여호와께서 세상 모든 나라를 내게 주셨고 나에게 명령하사 유다 예루살렘에 성전을 건축하라 하셨나니 이스라엘의 하나님은 참 신이시라 너희 중에 그의 백성 된 자는 다 유다 예루살렘으로 올라가서 이스라엘의 하나님 여호와의 성전을 건축하라 그는 예루살렘에 계신 하나님이시라

스 5:1-2 선지자들 곧 선지자 학개와 잇도의 손자 스가랴가 이스라엘의 하나님의 이름으로 유다와 예루살렘에 거주하는 유다 사람들에게 예언하였더니 이에 스알디엘의 아들 스룹바벨과 요사닥의 아들 예수아가 일어나 예루살렘에 있던 하나님의 성전을 다시 건축하기 시작하매 하나님의 선지자들이 함께 있어 그들을 돕더니

스 7:10 에스라가 여호와의 율법을 연구하여 준행하며 율례와 규례를 이스라엘에게 가르치기로 결심하였었더라

스 8:31 첫째 달 십이 일에 우리가 아하와 강을 떠나 예루살렘으로 갈새 우리 하나님의 손이 우리를 도우사 대적과 길에 매복한 자의 손에서 건지신지라

스 9:6 나의 하나님이여 내가 부끄럽고 낯이 뜨거워서 감히 나의 하나님을 향하여 얼굴을 들지 못하오니 이는 우리 죄악이 많아 정수리에 넘치고 우리 허물이 커서 하늘에 미침이니이다

핵심 성경구절 따라쓰기

Date . . .

믿음은 집안에 잘 보관하는 애장용 트로피가 아니다.

참된 믿음은 힘차게 살아 움직이는 것이다.

살아 움직이는 믿음은 그 모습 그대로 존재하지 않는다.

그것은 도토리가 그 모습 그대로 존재하지 못하는 것과 같다.

도토리는 참나무로 우뚝 자라나거나,

아니면 바싹 메말라 죽게 되어 있다.

믿음은 활동하지 않으면 도토리처럼 메말라 죽게 된다.

참된 믿음은 항상 힘차게 살아 활동한다!

주간 묵상일기

Date . . .

일주일을 고요히 정리하며 마음속 묵상을 기록합니다.

주간 감사기도

Date . . .

일주일을 돌아보며 회개와 감사의 기도를 기록합니다.

느 1:8-9 옛적에 주께서 주의 종 모세에게 명령하여 이르시되 만일 너희가 범죄하면 내가 너희를 여러 나라 가운데에 흩을 것이요 만일 내게로 돌아와 내 계명을 지켜 행하면 너희 쫓긴 자가 하늘 끝에 있을지라도 내가 거기서부터 그들을 모아 내 이름을 두려고 택한 곳에 돌아오게 하리라 하신 말씀을 이제 청하건대 기억하옵소서

느 4:14 너희는 그들을 두려워하지 말고 지극히 크시고 두려우신 주를 기억하고 너희 형제와 자녀와 아내와 집을 위하여 싸우라

느 6:15-16 성벽 역사가 오십이 일 만인 엘룰월 이십오일에 끝나매 우리의 모든 대적과 주위에 있는 이방 족속들이 이를 듣고 다 두려워하여 크게 낙담하였으니 그들이 우리 하나님께서 이 역사를 이루신 것을 앎이니라

느 8:8-9 하나님의 율법책을 낭독하고 그 뜻을 해석하여 백성에게 그 낭독하는 것을 다 깨닫게 하니 백성이 율법의 말씀을 듣고 다 우는지라

느 9:6 오직 주는 여호와시라 하늘과 하늘들의 하늘과 일월성신과 땅과 땅위의 만물과 바다와 그 가운데 모든 것을 지으시고 다 보존 하시오니 모든 천군이 주께 경배하나이다

핵심 성경구절 따라쓰기

Date . . .

하나님은 성경 전체를 통하여

우리에게 "사랑하라"고 반복적으로 명령하셨다.

예수님도 "어느 것이 가장 큰 계명입니까?"라는 질문을 받았을 때,

조금도 주저함 없이 사랑의 계명을 언급하셨다.

하나님은 "사랑하라!"하고 명령만 내리시는 분이 아니라,

우리가 그 명령을 성취할 수 있도록 힘주시고 도와주신다.

우리 안에 하나님의 사랑이 흘러넘쳐

능히 이웃을 사랑할 수 있다.

주간 묵상일기

Date . . .

일주일을 고요히 정리하며 마음속 묵상을 기록합니다.

주간 감사기도

Date . . .

일주일을 돌아보며 회개와 감사의 기도를 기록합니다.

에 2:5,7 도성 수산에 한 유다인이 있으니 이름은 모르드개라 그는 베냐민 자손이니 기스의 증손이요 시므이의 손자요 야일의 아들이라 그의 삼촌의 딸 하닷사 곧 에스더는 부모가 없었으나 용모가 곱고 아리따운 처녀라 그의 부모가 죽은 후에 모르드개가 자기 딸 같이 양육하더라

에 2:17-18 왕이 모든 여자보다 에스더를 더 사랑하므로 그가 모든 처녀보다 왕 앞에 더 은총을 얻은지라 왕이 그의 머리에 관을 씌우고 와스디를 대신하여 왕후로 삼은 후에 왕이 크게 잔치를 베푸니 이는 에스더를 위한 잔치라

에 4:13-14 모르드개가 그를 시켜 에스더에게 회답하되 너는 왕궁에 있으니 모든 유다인 중에 홀로 목숨을 건지리라 생각하지 말라 이때에 네가 만일 잠잠하여 말이 없으면 유다인은 다른 데로 말미암아 놓임과 구원을 얻으려니와 너와 네 아버지 집은 멸망하리라 네가 왕후의 자리를 얻은 것이 이때를 위함이 아닌지 누가 알겠느냐

에 9:21-22 한 규례를 세워 해마다 아달월 십사일과 십오일을 지키라 이 달 이 날에 유다인들이 대적에게서 벗어나서 평안함을 얻어 슬픔이 변하여 기쁨이 되고 애통이 변하여 길한 날이 되었으니 이 두 날을 지켜 잔치를 베풀고 즐기며 서로 예물을 주며 가난한 자를 구제하라

핵심 성경구절 따라쓰기

Date . . .

친구 집을 방문했을 때 몇 번 초인종을 누른 후
기다렸는데도 아무런 반응이 없으면,
우리는 집 안에 아무도 없다고 판단하고 그냥 돌아간다.
예수님도 그렇게 하신다.
예수님은 우리의 마음 문 밖에서 서서 계속 노크하신다.
그리고 기다리신다.
우리가 마음의 문을 열고 예수님을 안으로 모시면,
예수님은 들어오셔서 우리 곁에 영원히 머무신다.
되돌아가시기 전에 속히 내 마음의 문을 활짝 열자.

주간 묵상일기

Date . . .

일주일을 고요히 정리하며 마음속 묵상을 기록합니다.

주간 감사기도

Date . . .

일주일을 돌아보며 회개와 감사의 기도를 기록합니다.

하나님의 자녀 된 당신은 믿음을 가졌고

그 믿음으로 세상을 이길 능력을 하나님께 부여받았다.

그 능력을 썩히지 말고,

당신의 삶 속에서 마음껏 발휘하라.

핵심 성경구절

욥 1:1 우스 땅에 욥이라 불리는 사람이 있었는데 그 사람은 온전하고 정직하여 하나님을 경외하며 악에서 떠난 자더라

욥 1:20-21 욥이 일어나 겉옷을 찢고 머리털을 밀고 땅에 엎드려 예배하며 이르되 내가 모태에서 알몸으로 나왔사온즉 또한 알몸이 그리로 돌아가올지라 주신 이도 여호와시요 거두신 이도 여호와시오니 여호와의 이름이 찬송을 받으실지니이다

욥 7:5-6 내 살에는 구더기와 흙덩이가 의복처럼 입혀졌고 내 피부는 굳어졌다가 터지는구나 나의 날은 베틀의 북보다 빠르니 희망 없이 보내는구나

욥 19:25-26 내가 알기에는 나의 대속자가 살아 계시니 마침내 그가 땅 위에 서실 것이라 내 가죽이 벗김을 당한 뒤에도 내가 육체 밖에서 하나님을 보리라

욥 23:10 그러나 내가 가는 길을 그가 아시나니 그가 나를 단련하신 후에는 내가 순금 같이 되어 나오리라

욥 42:5-6 내가 주께 대하여 귀로 듣기만 하였사오나 이제는 눈으로 주를 뵈옵나이다 그러므로 내가 스스로 거두어들이고 티끌과 재 가운데에서 회개하나이다

핵심 성경구절 따라쓰기

Date . . .

놀라운 영적 체험을 많이 겪은 바울은 자만해질 수 있었다.

그래서 하나님은 바울에게 또 다른 자비를 베푸셨는데,

그것은 '육체의 가시'였다.

당신에게도 '육체의 가시'가 있는가?

그것은 하나님의 은총의 선물일 수 있다.

하나님은 강하고 완전한 우리와 일하지 않으신다.

약하고 부족한 우리와 일하기를 기뻐하신다.

육체의 가시는 주님의 능력을

우리 안에 계속 머물게 만드는 '은총의 가시'다.

주간 묵상일기

Date . . .

일주일을 고요히 정리하며 마음속 묵상을 기록합니다.

주간 감사기도

Date . . .

일주일을 돌아보며 회개와 감사의 기도를 기록합니다.

시 1:1–2 복 있는 사람은 악인들의 꾀를 따르지 아니하며 죄인들의 길에 서지 아니하며 오만한 자들의 자리에 앉지 아니하고 오직 여호와의 율법을 즐거워하여 그의 율법을 주야로 묵상하는도다

시 18:1–2 나의 힘이신 여호와여 내가 주를 사랑하나이다 여호와는 나의 반석이시요 나의 요새이시요 나를 건지시는 이시요 나의 하나님이시요 내가 그 안에 피할 나의 바위시요 나의 방패시요 나의 구원의 뿔이시요 나의 산성이시로다

시 23:1–2 여호와는 나의 목자시니 내게 부족함이 없으리로다 그가 나를 푸른 풀밭에 누이시며 쉴 만한 물 가로 인도하시는도다

시 51:17 하나님께서 구하시는 제사는 상한 심령이라 하나님이여 상하고 통회하는 마음을 주께서 멸시하지 아니하시리이다

시 103:12 동이 서에서 먼 것 같이 우리의 죄과를 우리에게서 멀리 옮기셨으며

시 150:1,6 할렐루야 그의 성소에서 하나님을 찬양하며 그의 권능의 궁창에서 그를 찬양할지어다 호흡이 있는 자마다 여호와를 찬양할지어다 할렐루야

핵심 성경구절 따라쓰기

Date . . .

예수님의 참된 제자가 되고 싶은가?

그러면 말로만 감동을 주는

영적 엘리트들의 뒤를 따르지 말라.

세상 모든 영예의 겉옷을 과감하게 벗어던져라.

그런 후에 예수님처럼

허리에 섬김의 수건을 두르고 낮은 자리로 내려가라.

거기서 지치고 피곤한 자들의 발을 어루만지며

인생의 흙먼지를 씻어주도록 하라.

그리하면 당신은 예수님의 참 제자로서

천국에서 큰 자로 인정받게 될 것이다.

주간 묵상일기

Date . . .

일주일을 고요히 정리하며 마음속 묵상을 기록합니다.

주간 감사기도

Date . . .

일주일을 돌아보며 회개와 감사의 기도를 기록합니다.

핵심 성경구절

잠 1:1-5 다윗의 아들 이스라엘 왕 솔로몬의 잠언이라 이는 지혜와 훈계를 알게 하며 명철의 말씀을 깨닫게 하며 지혜롭게, 공의롭게, 정의롭게, 정직하게 행할 일에 대하여 훈계를 받게 하며 어리석은 자를 슬기롭게 하며 젊은 자에게 지식과 근신함을 주기 위한 것이니 지혜 있는 자는 듣고 학식이 더할 것이요 명철한 자는 지략을 얻을 것이라

잠 7:1-3 아들아 내 말을 지키며 내 명을 간직하라 내 계명을 지켜 살며 내 법을 네 눈동자처럼 지키라 이것을 네 손가락에 매며 이것을 네 마음판에 새기라

잠 16:9 사람이 마음으로 자기의 길을 계획할지라도 그의 걸음을 인도하시는 이는 여호와시니라

잠 21:3 공의와 정의를 행하는 것은 제사 드리는 것보다 여호와께서 기쁘게 여기시느니라

잠 27:1 네는 내일 일을 자랑하지 말라 하루 동안에 무슨 일이 일어날는지 네가 알 수 없음이니라

잠 29:23 사람이 교만하면 낮아지게 되겠고 마음이 겸손하면 영예를 얻으리라

핵심 성경구절 따라쓰기

Date . . .

믿는 자들은 예수 그리스도의

복음을 전하는 향기다.

복음을 영접하는 자들에게는

그 복음이 그들을 영생으로 이끄는 생명의 향기가 되어

죄로 죽었던 영혼을 소생시킨다.

그러나 복음을 거부하는 자들에게는

그것이 생명의 향기가 되지 못하고 도리어 죽음의 냄새가 된다.

오늘날 예수 그리스도의 향기 된 우리 믿는 자들은

생명을 살리는 복음의 향기를 주변에 널리,

부지런히 풍겨야 한다.

주간 묵상일기

Date . . .

일주일을 고요히 정리하며 마음속 묵상을 기록합니다.

주간 감사기도

Date . . .

일주일을 돌아보며 회개와 감사의 기도를 기록합니다.

핵심 성경구절

전 1:2 전도자가 이르되 헛되고 헛되며 헛되고 헛되니 모든 것이 헛되도다

전 3:11 하나님이 모든 것을 지으시되 때를 따라 아름답게 하셨고 또 사람들에게는 영원을 사모하는 마음을 주셨느니라 그러나 하나님이 하시는 일의 시종을 사람으로 측량할 수 없게 하셨도다

전 7:13-14 하나님께서 행하시는 일을 보라 하나님께서 굽게 하신 것을 누가 능히 곧게 하겠느냐 형통한 날에는 기뻐하고 곤고한 날에는 되돌아보아라 이 두 가지를 하나님이 병행하게 하사 사람이 그의 장래 일을 능히 헤아려 알지 못하게 하셨느니라

전 8:13 악인은 잘 되지 못하며 장수하지 못하고 그 날이 그림자와 같으리니 이는 하나님을 경외하지 아니함이니라

전 12:1-2 너는 청년의 때에 너의 창조주를 기억하라 곧 곤고한 날이 이르기 전에, 나는 아무 낙이 없다고 할 해들이 가깝기 전에 해와 빛과 달과 별들이 어둡기 전에, 비 뒤에 구름이 다시 일어나기 전에 그리하라

전 12:13 일의 결국을 다 들었으니 하나님을 경외하고 그의 명령들을 지킬지어다 이것이 모든 사람의 본분이니라

핵심 성경구절 따라쓰기

Date . . .

믿는 자라면 누구나 어떤 종류든 시험에 직면한다.
시험을 당하는 것 자체는 죄가 아니다.
시험에 굴복하는 것이 죄다.
그런데 성경은 우리를 안심시키는 말씀을 들려준다.
하나님은 우리가 감당하지 못할 시험당함을
허락하지 아니하시고,
시험당할 즈음에는 피할 길을 주셔서
능히 감당하게 하신다는 말씀이다.
이 말씀을 굳게 믿고, 모든 시험을 극복하라.

주간 묵상일기

Date . . .

일주일을 고요히 정리하며 마음속 묵상을 기록합니다.

주간 감사기도

Date . . .

일주일을 돌아보며 회개와 감사의 기도를 기록합니다.

무엇이 진정 성공의 탑을 쌓는 길인가?

나를 향한 하나님의 꿈과 계획에 주목하라.

하나님의 꿈과 계획의 탑을

내 삶에 쌓아올리는 것이 참된 성공이다.

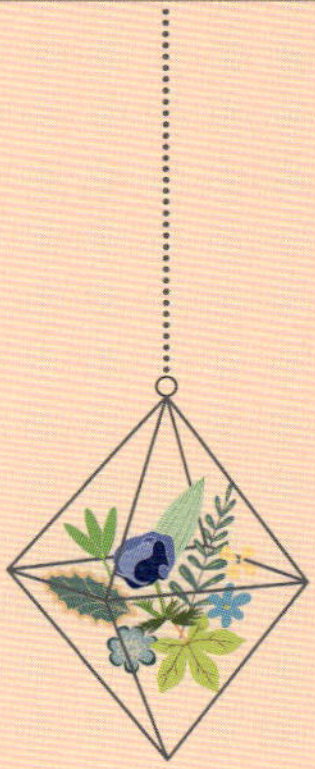

핵심 성경구절

아 1:1-2 솔로몬의 아가라 내게 입맞추기를 원하니 네 사랑이 포도주보다 나음이로구나

아 1:15 내 사랑아 너는 어여쁘고 어여쁘다 네 눈이 비둘기 같구나

아 2:13 무화과나무에는 푸른 열매가 익었고 포도나무는 꽃을 피워 향기를 토하는구나 나의 사랑, 나의 어여쁜 자야 일어나서 함께 가자

아 4:15-16 너는 동산의 샘이요 생수의 우물이요 레바논에서부터 흐르는 시내로구나 북풍아 일어나라 남풍아 오라 나의 동산에 불어서 향기를 날리라 나의 사랑하는 자가 그 동산에 들어가서 그 아름다운 열매 먹기를 원하노라

아 6:3 나는 내 사랑하는 자에게 속하였고 내 사랑하는 자는 내게 속하였으며 그가 백합화 가운데에서 그 양 떼를 먹이는도다

아 8:6-7 너는 나를 도장 같이 마음에 품고 도장 같이 팔에 두라 사랑은 죽음 같이 강하고 질투는 스올 같이 잔인하며 불길 같이 일어나니 그 기세가 여호와의 불과 같으니라 많은 물도 이 사랑을 끄지 못하겠고 홍수라도 삼키지 못하나니 사람이 그의 온 가산을 다 주고 사랑과 바꾸려 할지라도 오히려 멸시를 받으리라

핵심 성경구절 따라쓰기

Date . . .

우리는 교회 지도자들을 보고 자주 감탄한다.
그들의 박식한 성경 지식, 유창한 설교,
좋은 학벌 따위에 매료된다.
그래서 자주 예수님에게서 눈을 돌려
인간 지도자를 추종하며 섬기려는 경향을 띤다.
그러나 우리의 참 지도자는 예수님뿐이라는 사실을 잊어선 안 된다.
교회가 예수 그리스도의 터 위에 서 있지 않다면,
이미 그리스도의 교회가 아니다.
교회의 머리는 예수 그리스도시다.

주간 묵상일기

Date . . .

일주일을 고요히 정리하며 마음속 묵상을 기록합니다.

주간 감사기도

Date . . .

일주일을 돌아보며 회개와 감사의 기도를 기록합니다.

핵심 성경구절

사 1:1 유다 왕 웃시야와 요담과 아하스와 히스기야 시대에 아모스의 아들 이사야가 유다와 예루살렘에 관하여 본 계시라

사 1:18 여호와께서 말씀하시되 오라 우리가 서로 변론하자 너희의 죄가 주홍 같을지라도 눈과 같이 희어질 것이요 진홍 같이 붉을지라도 양털 같이 희게 되리라

사 2:22 너희는 인생을 의지하지 말라 그의 호흡은 코에 있나니 셈할 가치가 어디 있느냐

사 6:8 내가 또 주의 목소리를 들으니 주께서 이르시되 내가 누구를 보내며 누가 우리를 위하여 갈꼬 그 때에 내가 이르되 내가 여기 있나이다 나를 보내소서

사 7:14 그러므로 주께서 친히 징조를 너희에게 주실 것이라 보라 처녀가 잉태하여 아들을 낳을 것이요 그 이름을 임마누엘이라 하리라

사 35:6 그 때에 저는 자는 사슴 같이 뛸 것이며 말 못하는 자의 혀는 노래하리니 이는 광야에서 물이 솟겠고 사막에서 시내가 흐를 것임이라

사 55:1 오호라 너희 모든 목마른 자들아 물로 나아오라 돈 없는 자도 오라 너희는 와서 사 먹되 돈 없이, 값없이 와서 포도주와 젖을 사라

핵심 성경구절 따라쓰기

Date . . .

대홍수 이후 하나님은
노아 가족에게 한 가지 선물을 준비하셨다.
그것은 '무지개'였다.
무지개는 다시는 세상을 물로써 멸하지 않으시겠다는
하나님 자비로운 약속의 증표였다.
이 무지개는 그리스도의 십자가를 연상시킨다.
하늘의 무지개가 하나님의 징벌을 막고 있듯,
그리스도의 십자가는 우리에게 임할 하나님의 심판을 막고 있다.
그 자비로 인해 우리는 구원받을 수 있는 것이다.

주간 묵상일기

Date . . .

일주일을 고요히 정리하며 마음속 묵상을 기록합니다.

주간 감사기도

Date . . .

일주일을 돌아보며 회개와 감사의 기도를 기록합니다.

핵심 성경구절

렘 1:1 베냐민 땅 아나돗의 제사장들 중 힐기야의 아들 예레미야의 말이라

렘 7:23 너희는 내 목소리를 들으라 그리하면 나는 너희 하나님이 되겠고 너희는 내 백성이 되리라 너희는 내가 명령한 모든 길로 걸어가라 그리하면 복을 받으리라

렘 17:9-10 만물보다 거짓되고 심히 부패한 것은 마음이라 누가 능히 이를 알리요마는 나 여호와는 심장을 살피며 폐부를 시험하고 각각 그의 행위와 그의 행실대로 보응하나니

렘 23:5 보라 때가 이르리니 내가 다윗에게 한 의로운 가지를 일으킬 것이라 그가 왕이 되어 지혜롭게 다스리며 세상에서 정의와 공의를 행할 것이며

렘 31:31 여호와의 말씀이니라 보라 날이 이르리니 내가 이스라엘 집과 유다 집에 새 언약을 맺으리라

렘 33:3 너는 내게 부르짖으라 내가 네게 응답하겠고 네가 알지 못하는 크고 은밀한 일을 네게 보이리라

렘 51:10 여호와께서 우리 공의를 드러내셨으니 오라 시온에서 우리 하나님 여호와의 일을 선포하자

핵심 성경구절 따라쓰기

Date . . .

이 세상을 떠난 후

나는 어떤 모습으로 기억될까?

크게 성공한 사업가? 아니면, 자신의 분야에서 인정받은 전문가?

아니면, 하나님 왕국을 위해 헌신한 일꾼?

그것은 지금 이 땅에서 살아가는 나의 오늘의 삶에 달려 있다.

비록 과거의 삶이 보잘것없고 상처투성이일지라도,

지금 치유받고 회복된 삶으로 신실하게 살아가면

훗날 나의 묘비엔 '예수님의 참된 제자'라 기록될 것이다.

주간 묵상일기

Date . . .

일주일을 고요히 정리하며 마음속 묵상을 기록합니다.

주간 감사기도

Date . . .

일주일을 돌아보며 회개와 감사의 기도를 기록합니다.

애 1:1 슬프다 이 성이여 전에는 사람들이 많더니 이제는 어찌 그리 적막하게 앉았는고 전에는 열국 중에 크던 자가 이제는 과부 같이 되었고 전에는 열방 중에 공주였던 자가 이제는 강제 노동을 하는 자가 되었도다

애 1:17 시온이 두 손을 폈으나 그를 위로할 자가 없도다 여호와께서 야곱의 사방에 있는 자들에게 명령하여 야곱의 대적들이 되게 하셨으니 예루살렘은 그들 가운데에 있는 불결한 자가 되었도다

애 2:18 그들의 마음이 주를 향하여 부르짖기를 딸 시온의 성벽아 너는 밤낮으로 눈물을 강처럼 흘릴지어다 스스로 쉬지 말고 네 눈동자를 쉬게 하지 말지어다

애 3:25-26 기다리는 자들에게나 구하는 영혼들에게 여호와는 선하시도다 사람이 여호와의 구원을 바라고 잠잠히 기다림이 좋도다

애 3:58-59 주여 주께서 내 심령의 원통함을 풀어 주셨고 내 생명을 속량하셨나이다 여호와여 나의 억울함을 보셨사오니 나를 위하여 원통함을 풀어주옵소서

애 5:21 여호와여 우리를 주께로 돌이키소서 그리하시면 우리가 주께로 돌아가겠사오니 우리의 날들을 다시 새롭게 하사 옛적 같게 하옵소서

핵심 성경구절 따라쓰기

Date . . .

우리의 삶 속에서

상황이 점점 꼬여가고 일은 더욱 힘들어질 때,

때로 도망치는 것만이 유일한 해결책으로 보일 수 있다.

그러나 절망하거나 도망치지 않고

인내심을 갖고 믿음과 소망으로 힘든 시간을 버텨낸다면,

결국엔 하나님의 준비된 복을 받을 수 있다.

이때 잊지 말아야 할 것이 있다.

어떤 힘들고 절망적인 상황에서도

하나님께서 나를 지켜보시며 보살피신다는 점이다.

주간 묵상일기

Date . . .

일주일을 고요히 정리하며 마음속 묵상을 기록합니다.

주간 감사기도

Date . . .

일주일을 돌아보며 회개와 감사의 기도를 기록합니다.

겔 1:3 갈대아 땅 그발 강가에서 여호와의 말씀이 부시의 아들 제사장 나 에스겔에게 특별히 임하고 여호와의 권능이 내 위에 있으니라

겔 3:17 인자야 내가 너를 이스라엘 족속의 파수꾼으로 세웠으니 너는 내 입의 말을 듣고 나를 대신하여 그들을 깨우치라

겔 11:19-20 내가 그들에게 한 마음을 주고 그 속에 새 영을 주며 그 몸에서 돌 같은 마음을 제거하고 살처럼 부드러운 마음을 주어 내 율례를 따르며 내 규례를 지켜 행하게 하리니 그들은 내 백성이 되고 나는 그들의 하나님이 되리라

겔 33:11 나의 삶을 두고 맹세하노니 나는 악인이 죽는 것을 기뻐하지 아니하고 악인이 그의 길에서 돌이켜 떠나 사는 것을 기뻐하노라 이스라엘 족속아 돌이키고 돌이키라 너희 악한 길에서 떠나라 어찌 죽고자 하느냐

겔 37:5-6 주 여호와께서 이 뼈들에게 이같이 말씀하시기를 내가 생기를 너희에게 들어가게 하리니 너희가 살아나리라 너희 위에 힘줄을 두고 살을 입히고 가죽으로 덮고 너희 속에 생기를 넣으리니 너희가 살아나리라 또 내가 여호와인 줄 너희가 알리라

겔 48:35 그 날 후로는 그 성읍의 이름을 여호와삼마라 하리라

핵심 성경구절 따라쓰기

Date . . .

아브라함의 조카 롯은

소돔 성의 화려한 불빛 아래로 들어갔다.

그 결과는 참혹했다. 자신의 위신과 도덕성을 상실했으며

이웃에 대한 영향력도 잃어버렸다.

또한 재물까지도 모두 잃고 말았다.

기억하라. 그곳이 어디든, 소돔 성과 같은 죄악의 장소에서

우리는 진정 가치 있는 것들을 하나도 얻을 수 없다.

우리의 회복은 그런 죄악의 장소에서 즉시 떠날 때에

비로소 시작된다.

주간 묵상일기

Date . . .

일주일을 고요히 정리하며 마음속 묵상을 기록합니다.

주간 감사기도

Date . . .

일주일을 돌아보며 회개와 감사의 기도를 기록합니다.

오래 전 벧엘 들판에

쓰러져 자고 있던 야곱을 찾아가셨듯이,

오늘날 하나님은 소망과 위로와 격려의 약속을 가지고

지친 우리의 삶 속에 먼저 찾아오신다.

단 1:8-9 다니엘은 뜻을 정하여 왕의 음식과 그가 마시는 포도주로 자기를 더럽히지 아니하리라 하고 자기를 더럽히지 아니하도록 환관장에게 구하니 하나님이 다니엘로 하여금 환관장에게 은혜와 긍휼을 얻게 하신지라

단 2:20-21 다니엘이 말하여 이르되 영원부터 영원까지 하나님의 이름을 찬송할 것은 지혜와 능력이 그에게 있음이로다 그는 때와 계절을 바꾸시며 왕들을 폐하시고 왕들을 세우시며 지혜자에게 지혜를 주시고 총명한자에게 지식을 주시는도다

단 4:35 땅의 모든 사람들을 없는 것 같이 여기시며 하늘의 군대에게든지 땅의 사람에게든지 그는 자기 뜻대로 행하시나니 그의 손을 금하든지 혹시 이르기를 네가 무엇을 하느냐고 할 자가 아무도 없도다

단 9:19 주여 들으소서 주여 용서하소서 주여 귀를 기울이시고 행하소서 지체하지 마옵소서 나의 하나님이여 주 자신을 위하여 하시옵소서 이는 주의 성과 주의 백성이 주의 이름으로 일컫는 바 됨이니이다

단 12:3 지혜 있는 자는 궁창의 빛과 같이 빛날 것이요 많은 사람을 옳은 데로 돌아오게 한 자는 별과 같이 영원토록 빛나리라

핵심 성경구절 따라쓰기

Date . . .

마음속으로

조용히 기도하고 싶은 생각이 들 때가 있다.

시험지를 받아 든 때, 입사 면접을 보기 전에,

여행을 떠날 때, 결혼할 배우자를 선택하기 위한 맞선 장소 등에서

우리는 마음속으로 조용히 묵상기도를 할 수 있다.

종종 소리 내어 크게 기도할 필요도 있겠지만,

어느 곳 어느 때든지 마음속으로 기도하기를 즐겨한다면

항상 하나님의 선하신 인도하심을 받을 수 있다.

주간 묵상일기

Date . . .

일주일을 고요히 정리하며 마음속 묵상을 기록합니다.

주간 감사기도

Date . . .

일주일을 돌아보며 회개와 감사의 기도를 기록합니다.

호 1:2 여호와께서 처음 호세아에게 말씀하실 때 여호와께서 호세아에게 이르시되 너는 가서 음란한 여자를 맞이하여 음란한 자식들을 낳으라 이 나라가 여호와를 떠나 크게 음란함이니라

호 4:6 내 백성이 지식이 없으므로 망하는도다 네가 지식을 버렸으니 나도 너를 버려 내 제사장이 되지 못하게 할 것이요 네가 네 하나님의 율법을 잊었으니 나도 네 자녀들을 잊어버리리라

호 6:1 오라 우리가 여호와께로 돌아가자 여호와께서 우리를 찢으셨으나 도로 낫게 하실 것이요 우리를 치셨으나 싸매어 주실 것임이라

호 10:12 너희가 자기를 위하여 공의를 심고 인애를 거두라 너희 묵은 땅을 기경하라 지금이 곧 여호와를 찾을 때니 마침내 여호와께서 오사 공의를 비처럼 너희에게 내리시리라

호 11:8 에브라임이여 내가 어찌 너를 놓겠느냐 이스라엘이여 내가 어찌 너를 버리겠느냐 내가 어찌 너를 아드마 같이 놓겠느냐 어찌 너를 스보임 같이 두겠느냐 내 마음이 내 속에서 돌이키어 나의 긍휼이 온전히 불붙듯 하도다

핵심 성경구절 따라쓰기

Date . . .

믿는 자들일지라도

종종 이런저런 두려움에 빠진다.

하지만 모든 두려움은 하나님을 전적으로 의지하지 않고

세상을 바라보거나 자신을 의지할 때 생겨나는 것이다.

두려움은 종종 우리를 거짓으로 유혹한다.

하나님을 의지하는 대신에

자신의 생각과 꾀를 의지하도록 만든다.

그러므로 삶의 모든 두려움을 극복하기 위해서

우리는 우리의 마음을 하나님께

단단히 고정해 놓아야 한다.

주간 묵상일기

Date . . .

일주일을 고요히 정리하며 마음속 묵상을 기록합니다.

주간 감사기도

Date . . .

일주일을 돌아보며 회개와 감사의 기도를 기록합니다.

욜 2:12-13 여호와의 말씀에 너희는 이제라도 금식하고 울며 애통하고 마음을 다하여 내게로 돌아오라 하셨나니 너희는 옷을 찢지 말고 마음을 찢고 너희 하나님 여호와께로 돌아올지어다 그는 은혜로우시며 자비로우시며 노하기를 더디 하시며 인애가 크시사 뜻을 돌이켜 재앙을 내리지 아니하시나니

욜 2:28-30 그 후에 내가 내 영을 만민에게 부어 주리니 너희 자녀들이 장래 일을 말할 것이며 너희 늙은이는 꿈을 꾸며 너희 젊은이는 이상을 볼 것이며 그 때에 내가 또 내 영을 남종과 여종에게 부어 줄 것이며 내가 이적을 하늘과 땅에 베풀리니 곧 피와 불과 연기 기둥이라

암 5:6 너희는 여호와를 찾으라 그리하면 살리라

암 5:24 오직 정의를 물 같이, 공의를 마르지 않는 강 같이 흐르게 할지어다

옵 1:4 네가 독수리처럼 높이 오르며 별 사이에 깃들일지라도 내가 거기에서 너를 끌어내리리라 여호와의 말씀이니라

옵 1:15 여호와께서 만국을 벌할 날이 가까웠나니 네가 행한 대로 너도 받을 것인즉 네가 행한 것이 네 머리로 돌아갈 것이라

핵심 성경구절 따라쓰기

Date . . .

집안에 심각한 문제가 생겼을 때
야곱은 예전에 영성체험을 했던 벧엘로 올라가기로 결심한다.
신앙의 삶이 지쳐갈 때, 오늘날 우리도 과거에
하나님이 나를 만나주신 장소로 종종 신앙의 순례여행을 떠나야 한다.
그러기 위해서는 영혼의 집에 존재하고 있는
죄악 된 요소를 먼저 깨끗이 청소하고 정리해야 한다.
그리할 때, 그 순례여행은 회복과 치유의 여행이 될 것이다.

주간 묵상일기

Date . . .

일주일을 고요히 정리하며 마음속 묵상을 기록합니다.

주간 감사기도

Date . . .

일주일을 돌아보며 회개와 감사의 기도를 기록합니다.

욘 2:1-2 요나가 물고기 뱃속에 그의 하나님 여호와께 기도하여 이르되 내가 받는 고난으로 말미암아 여호와께 불러 아뢰었더니 주께서 내게 대답하셨고 내가 스올의 뱃속에서 부르짖었더니 주께서 내 음성을 들으셨나이다

욘 4:10-11 여호와께서 이르시되 네가 수고도 아니하였고 재배도 아니하였고 하룻밤에 났다가 하룻밤에 말라 버린 이 박넝쿨을 아꼈거든 하물며 이 큰 성읍 니느웨에는 좌우를 분변하지 못하는 자가 십 이만여 명이요 가축도 많이 있나니 내가 어찌 아끼지 아니하겠느냐 하시니라

미 5:2 베들레헴 에브라다야 너는 유다 족속 중에 작을지라도 이스라엘을 다스릴 자가 네게서 내게로 나올 것이라 그의 근본은 상고에, 영원에 있느니라

미 6:8 사람아 주께서 선한 것이 무엇임을 네게 보이셨나니 여호와께서 네게 구하시는 것은 오직 정의를 행하며 인자를 사랑하며 겸손하게 네 하나님과 함께 행하는 것이 아니냐

미 7:18-19 주와 같은 신이 어디 있으리이까 주께서는 죄악과 그 기업에 남은 자의 허물을 사유하시며 인애를 기뻐하시므로 진노를 오래 품지 아니하시나이다 다시 우리를 불쌍히 여기셔서 우리의 죄악을 발로 밟으시고 우리의 모든 죄를 깊은 바다에 던지시리이다

핵심 성경구절 따라쓰기

Date . . .

믿는 자들이

꼭 극복해야 할 부정적 감정 가운데 시기와 미움이 있다.

누군가가 자신보다 잘나갈 때

사람의 속성상 시기와 미움이 스멀스멀 피어오른다.

그러나 그런 감정은 상대방을 허물기보다는

결국 자기 자신을 파괴한다.

시기와 미움이 고개를 쳐들면 예수님의 십자가를 생각하라.

그 십자가의 고귀한 희생과 사랑 앞에서

우리의 시기와 미움은 발붙일 틈이 없다.

주간 묵상일기

Date . . .

일주일을 고요히 정리하며 마음속 묵상을 기록합니다.

주간 감사기도

Date . . .

일주일을 돌아보며 회개와 감사의 기도를 기록합니다.

우리의 신앙 삶은 동굴이 아니라 터널이다.

구원으로 향하는 하나님의 기차가

잠시 어둠의 터널을 지날 때

우리는 어둠 속에서 낙담할 필요가 전혀 없다.

나 1:7 여호와는 선하시며 환난 날에 산성이시라 그는 자기에게 피하는 자들을 아시느니라

나 1:12-13 여호와께서 이같이 말씀하시기를 그들이 비록 강하고 많을지라도 반드시 멸절을 당하리니 그가 없어지리라 내가 전에는 너를 괴롭혔으나 다시는 너를 괴롭히지 아니할 것이라 이제 네게 지운 그의 멍에를 내가 깨뜨리고 네 결박을 끊으리라

합 2:4 의인은 그의 믿음으로 말미암아 살리라

합 3:17-18 비록 무화과나무가 무성하지 못하며 포도나무에 열매가 없으며 감람나무에 소출이 없으며 밭에 먹을 것이 없으며 우리에 양이 없으며 외양간에 소가 없을지라도 나는 여호와로 말미암아 즐거워하며 나의 구원의 하나님으로 말미암아 기뻐하리로다

습 2:3 여호와의 규례를 지키는 세상의 모든 겸손한 자들아 너희는 여호와를 찾으며 공의와 겸손을 구하라 너희가 혹시 여호와의 분노의 날에 숨김을 얻으리라

학 1:8 너희는 산에 올라가서 나무를 가져다가 성전을 건축하라 그리하면 내가 그것으로 말미암아 기뻐하고 또 영광을 얻으리라 여호와가 말하였느니라

핵심 성경구절 따라쓰기

Date . . .

'세월이 흐르면 나아지겠지.' 하는 마음으로 우리는 살아간다.

그러나 시간은 계속 흘러가는데도 별로 달라지는 것이 없을 수 있다.

열심히 신앙생활을 해보지만 뭔가 나아지는 게 없어 보인다.

그냥 포기해야 할까?

우리의 신앙 여정은 단거리 경주가 아니고 긴 마라톤 경주다.

포기하지 않고, 하나님을 끝까지 의뢰하면서

꾸준히 신앙의 길을 걷다 보면 마침내 기쁨과 구원의 날은 온다.

주간 묵상일기

Date . . .

일주일을 고요히 정리하며 마음속 묵상을 기록합니다.

주간 감사기도

Date . . .

일주일을 돌아보며 회개와 감사의 기도를 기록합니다.

핵심 성경구절

슥 1:3 너희는 내게로 돌아오라 만군의 여호와의 말이니라 그리하면 내가 너희에게로 돌아가리라 만군의 여호와의 말이니라

슥 4:6 만군의 여호와께서 말씀하시되 이는 힘으로 되지 아니하며 능력으로 되지 아니하고 오직 나의 영으로 되느니라

슥 9:9 시온의 딸아 크게 기뻐할지어다 예루살렘의 딸아 즐거이 부를지어다 보라 네 왕이 네게 임하시나니 그는 공의로우시며 구원을 베푸시며 겸손하여서 나귀를 타시나니 나귀의 작은 것 곧 나귀새끼니라

말 3:1 만군의 여호와가 이르노라 보라 내가 내 사자를 보내리니 그가 내 앞에서 길을 준비할 것이요 또 너희가 구하는 바 주가 갑자기 그의 성전에 임하시리니 곧 너희가 사모하는바 언약의 사자가 임하실 것이라

말 3:10 만군의 여호와가 이르노라 너희의 온전한 십일조를 창고에 들여 나의 집에 양식이 있게 하고 그것으로 나를 시험하여 내가 하늘 문을 열고 너희에게 복을 쌓을 곳이 없도록 붓지 아니하나 보라

말 4:2 내 이름을 경외하는 너희에게는 공의로운 해가 떠올라서 치료하는 광선을 비추리니 너희가 나가서 외양간에서 나온 송아지 같이 뛰리라

핵심 성경구절 따라쓰기

Date . . .

우리는 하나님의 크신 은혜를 입었다.

하나님은 독생자 예수 그리스도를 배반하고

그를 십자가에 못 박아 죽인 우리를

용서하시고 구원과 영생의 삶을 주셨다.

또한 하나님은 우리에게 '아버지'라고 부를 수 있는

자녀의 특권을 주셨고, 성령님의 임재와 능력까지도 주셨다.

이 같은 하나님의 크신 은혜를 깨닫고

우리는 항상 감사해야 한다.

감사는 우리의 신앙 여정에서 꼭 필요한 핵심 요소다.

주간 묵상일기

Date . . .

일주일을 고요히 정리하며 마음속 묵상을 기록합니다.

주간 감사기도

Date . . .

일주일을 돌아보며 회개와 감사의 기도를 기록합니다.

핵심 성경구절

마 1:21 아들을 낳으리니 이름을 예수라 하라 이는 그가 자기 백성을 그들의 죄에서 구원할 자이심이라

마 9:13 나는 의인을 부르러 온 것이 아니요 죄인을 부르러 왔노라

마 11:28 수고하고 무거운 짐진 자들아 다 내게로 오라 내가 너희를 쉬게 하리라

마 16:16 시몬 베드로가 대답하여 이르되 주는 그리스도시요 살아 계신 하나님의 아들이시니이다

마 22:37-40 예수께서 이르시되 네 마음을 다하고 목숨을 다하고 뜻을 다하여 주 너의 하나님을 사랑하라 하셨으니 이것이 크고 첫째 되는 계명이요 둘째도 그와 같으니 네 이웃을 네 자신 같이 사랑하라 하셨으니 이 두 계명이 온 율법과 선지자의 강령이니라

마 28:19-20 그러므로 너희는 가서 모든 민족을 제자로 삼아 아버지와 아들과 성령의 이름으로 세례를 베풀고 내가 너희에게 분부한 모든 것을 가르쳐 지키게 하라 볼지어다 내가 세상 끝날까지 너희와 항상 함께 있으리라

핵심 성경구절 따라쓰기

Date . . .

더 이상 아기 모세를 몰래 숨겨 키울 수 없게 되었을 때
모세의 어머니는 모세를 갈대 상자에 넣어 나일 강에 띄웠다.
기도하는 마음으로 아기를 온전히 하나님의 손에 맡긴 것이다.
오늘날 우리도 이 세상에서 심각한 도전을 받을 수 있다.
그러한 때 좌절감을 느끼는가? 포기하지 말라!
문제를 신앙의 갈대 상자에 싸서 하나님께 띄워 보내라.
하나님은 분명 선善을 이루실 것이다.

주간 묵상일기

Date . . .

일주일을 고요히 정리하며 마음속 묵상을 기록합니다.

주간 감사기도

Date . . .

일주일을 돌아보며 회개와 감사의 기도를 기록합니다.

핵심 성경구절

막 1:17 예수께서 이르시되 나를 따라오라 내가 너희로 사람을 낚는 어부가 되게 하리라

막 7:15-16 무엇이든지 밖에서 사람에게로 들어가는 것은 능히 사람을 더럽게 하지 못하되 사람 안에서 나오는 것이 사람을 더럽게 하는 것이니라

막 8:34 무리와 제자들을 불러 이르시되 누구든지 나를 따라 오려거든 자기를 부인하고 자기 십자가를 지고 나를 따를 것이니라

막 9:23 예수께서 이르시되 할 수 있거든이 무슨 말이냐 믿는 자에게는 능히 하지 못할 일이 없느니라

막 10:45 인자가 온 것은 섬김을 받으려 함이 아니라 도리어 섬기려 하고 자기 목숨을 많은 사람의 대속물로 주려 함이니라

막 16:15-16 또 이르시되 너희는 온 천하에 다니며 만민에게 복음을 전파하라 믿고 세례를 받는 사람은 구원을 얻을 것이요 믿지 않는 사람은 정죄를 받으리라

핵심 성경구절 따라쓰기

Date . . .

우리는 종종 믿는 자들의 삶은

형통하고 순탄할 것으로 생각한다.

따라서 상황이 뒤틀리고 삶이 곤고할 때면

무척 당혹해하며 크게 낙심한다.

하지만 기억해야 할 것이 있다.

우리가 낙심하고 절망하는 그 순간에도 하나님은

여전히 우리 곁에 계시다는 사실이다.

그러므로 하나님의 위대한 손길을 기대하면서

어떤 상황에서도 포기하지 말고 낙심과 절망을 딛고

끝까지 인내하는 법을 배우자.

주간 묵상일기

Date . . .

일주일을 고요히 정리하며 마음속 묵상을 기록합니다.

주간 감사기도

Date . . .

일주일을 돌아보며 회개와 감사의 기도를 기록합니다.

참된 기도는

내가 원하는 것을 얻는 수단으로 활용하는 것이 아니다.

하나님의 뜻과 계획이 나를 통해 이루어질 수 있도록

나를 전적으로 헌신하는 행위다.

누 2:52 예수는 지혜와 키가 자라가며 하나님과 사람에게 더욱 사랑스러워 가시더라

누 5:37-38 새 포도주를 낡은 가죽 부대에 넣는 자가 없나니 만일 그렇게 하면 새 포도주가 부대를 터뜨려 포도주가 쏟아지고 부대도 못쓰게 되리라 새 포도주는 새 부대에 넣어야 할 것이니라

누 9:24 누구든지 제 목숨을 구원하고자 하면 잃을 것이요 누구든지 나를 위하여 제 목숨을 잃으면 구원하리라

누 12:8-9 내가 또한 너희에게 말하노니 누구든지 사람 앞에서 나를 시인하면 인자도 하나님의 사자들 앞에서 그를 시인할 것이요 사람 앞에서 나를 부인하는 자는 하나님의 사자들 앞에서 부인을 당하리라

누 16:10 지극히 작은 것에 충성된 자는 큰 것에도 충성되고 지극히 작은 것에 불의한 자는 큰 것에도 불의하니라

누 23:34 이에 예수께서 이르시되 아버지 저들을 사하여 주옵소서 자기들이 하는 것을 알지 못함이니이다

핵심 성경구절 따라쓰기

Date . . .

신앙생활에서 간증은 중요하다.

오늘날 우리도 기회를 얻는 대로 힘껏 증언해야 한다.

구원의 여정을 통해 어떻게 내 삶에

회복과 치유의 놀라운 경험이 일어났는지

이웃들에게 전해주어야 할 책임이 있다.

우리는 진실한 간증을 통해

하나님의 크신 능력을 이웃에게 전해야 하고,

그런 간증을 통해 상처받은 과거의 자신을 돌아보면서

자신을 놀랍게 회복시켜 주신 하나님을 찬양해야 한다.

주간 묵상일기

Date . . .

일주일을 고요히 정리하며 마음속 묵상을 기록합니다.

주간 감사기도

Date . . .

일주일을 돌아보며 회개와 감사의 기도를 기록합니다.

요 1:12-13 영접하는 자 곧 그 이름을 믿는 자들에게는 하나님의 자녀가 되는 권세를 주셨으니 이는 혈통으로나 육정으로나 사람의 뜻으로 나지 아니하고 오직 하나님께로부터 난 자들이니라

요 3:16 하나님이 세상을 이처럼 사랑하사 독생자를 주셨으니 이는 그를 믿는 자마다 멸망하지 않고 영생을 얻게 하려 하심이라

요 6:35 예수께서 이르시되 나는 생명의 떡이니 내게 오는 자는 결코 주리지 아니할 터이요 나를 믿는 자는 영원히 목마르지 아니하리라

요 8:32 진리를 알지니 진리가 너희를 자유롭게 하리라

요 10:14-15 나는 선한 목자라 나는 내 양을 알고 양도 나를 아는 것이 아버지께서 나를 아시고 내가 아버지를 아는 것 같으니 나는 양을 위하여 목숨을 버리노라

요 11:25-26 예수께서 이르시되 나는 부활이요 생명이니 나를 믿는 자는 죽어도 살겠고 무릇 살아서 나를 믿는 자는 영원히 죽지 아니하리니 이것을 네가 믿느냐

요 15:5 나는 포도나무요 너희는 가지라 그가 내 안에, 내가 그 안에 거하면 사람이 열매를 많이 맺나니 나를 떠나서는 너희가 아무 것도 할 수 없음이라

핵심 성경구절 따라쓰기

Date . . .

무얼 기념한다는 것은 무얼 잊지 않고
계속 마음과 생활 속에 되새기는 작업이다.
그래서 우리는 생일, 결혼기념일, 성탄절처럼
잊지 말아야 할 날들이나 중요한 행사들을 매년 기념한다.
오늘날 우리는 하나님이 우리에게 베풀어주신 은혜를
잊지 말고 기념하면서 기억해야 한다.
하나님이 우리에게 베푸신 선한 일들을 기억하고
기념하는 것은 신앙생활에서 매우 유익하고 꼭 필요한 일이다.

주간 묵상일기

Date . . .

일주일을 고요히 정리하며 마음속 묵상을 기록합니다.

주간 감사기도

Date . . .

일주일을 돌아보며 회개와 감사의 기도를 기록합니다.

행 1:8 오직 성령이 너희에게 임하시면 너희가 권능을 받고 예루살렘과 온 유대와 사마리아와 땅 끝까지 이르러 내 증인이 되리라

행 2:2-4 홀연히 하늘로부터 급하고 강한 바람 같은 소리가 있어 그들이 앉은 온 집에 가득하며 마치 불의 혀처럼 갈라지는 것들이 그들에게 보여 각 사람 위에 하나씩 임하여 있더니 그들이 다 성령의 충만함을 받고 성령이 말하게 하심을 따라 다른 언어들로 말하기를 시작하니라

행 4:12 다른 이로써는 구원을 받을 수 없나니 천하 사람 중에 구원을 받을 만한 다른 이름을 우리에게 주신 일이 없음이라

행 10:34-35 베드로가 입을 열어 말하되 내가 참으로 하나님은 사람의 외모를 보지 아니하시고 각 나라 중 하나님을 경외하며 의를 행하는 사람은 다 받으시는 줄 깨달았도다

행 16:30-31 선생들이여 내가 어떻게 하여야 구원을 받으리이까 하거늘 이르되 주 예수를 믿으라 그리하면 너와 네 집이 구원을 받으리라

행 20:24 내가 달려갈 길과 주 예수께 받은 사명 곧 하나님의 은혜의 복음을 증언하는 일을 마치려 함에는 나의 생명조차 조금도 귀한 것으로 여기지 아니하노라

핵심 성경구절 따라쓰기

Date . . .

하나님은 가장 편하고 수월한 방식으로 일하시지 않는다.
최선의 방식으로 일하신다.
많은 경우에 그분이 우리를 이끄시는 길은
지름길도 아니며 가장 쉽고 편리한 길도 아니다.
하나님은 우리의 인생 여정 전반을 다 보신다.
그분은 우리 인생 여정의 어제와 오늘,
내일까지 전부 아신다. 그러하기에 진실로 그분은
우리를 최선의 길로 인도하시는 참된 안내자이시다.

주간 묵상일기

Date . . .

일주일을 고요히 정리하며 마음속 묵상을 기록합니다.

주간 감사기도

Date . . .

일주일을 돌아보며 회개와 감사의 기도를 기록합니다.

롬 1:16 내가 복음을 부끄러워하지 아니하노니 이 복음은 모든 믿는 자에게 구원을 주시는 하나님의 능력이 됨이라

롬 3:23-24 모든 사람이 죄를 범하였으매 하나님의 영광에 이르지 못하더니 그리스도 예수 안에 있는 속량으로 말미암아 하나님의 은혜로 값없이 의롭다 하심을 얻은 자 되었느니라

롬 8:28 우리가 알거니와 하나님을 사랑하는 자 곧 그의 뜻대로 부르심을 입은 자들에게는 모든 것이 합력하여 선을 이루느니라

롬 10:9 네가 만일 네 입으로 예수를 주로 시인하며 또 하나님께서 그를 죽은 자 가운데서 살리신 것을 네 마음에 믿으면 구원을 받으리라

롬 12:1 그러므로 형제들아 내가 하나님의 모든 자비하심으로 너희를 권하노니 너희 몸을 하나님이 기뻐하시는 거룩한 산 제물로 드리라 이는 너희가 드릴 영적 예배니라

롬 14:8 우리가 살아도 주를 위하여 살고 죽어도 주를 위하여 죽나니 그러므로 사나 죽으나 우리가 주의 것이로다

핵심 성경구절 따라쓰기

Date . . .

우리는 미약하다.

하지만 우리를 위해 싸워주시는 여호와 하나님은 전능하시다.

구원 여정에서 우리가 의심, 두려움,

불확실성에 대항하여 싸울 때

우리는 주님께서 우리 곁에서 우리를 위해

싸워주실 것임을 믿어야 한다.

이런 시기에 우리에게 요구되는 것은, 우리를 위해 싸워주시는

하나님을 전적으로 의지하는 믿음이다.

그런 믿음만 있으면,

우리는 역경을 딛고 승리의 삶을 살 수 있다.

주간 묵상일기

Date . . .

일주일을 고요히 정리하며 마음속 묵상을 기록합니다.

주간 감사기도

Date . . .

일주일을 돌아보며 회개와 감사의 기도를 기록합니다.

고전 1:18 십자가의 도가 멸망하는 자들에게는 미련한 것이요 구원을 받는 우리에게는 하나님의 능력이라

고전 2:2 내가 너희 중에서 예수 그리스도와 그의 십자가에 못 박히신 것 외에는 아무 것도 알지 아니하기로 작정하였음이라

고전 4:20 하나님의 나라는 말에 있지 아니하고 오직 능력에 있음이라

고전 9:25 이기기를 다투는 자마다 모든 일에 절제하나니 그들은 썩을 승리자의 관을 얻고자 하되 우리는 썩지 아니할 것을 얻고자 하노라

고전 10:31 그런즉 너희가 먹든지 마시든지 무엇을 하든지 다 하나님의 영광을 위하여 하라

고전 13:13 그런즉 믿음, 소망, 사랑 이 세 가지는 항상 있을 것인데 그 중의 제일은 사랑이라

고전 15:58 그러므로 내 사랑하는 형제들아 견실하며 흔들리지 말며 항상 주의 일에 더욱 힘쓰는 자들이 되라 이는 너희 수고가 주 안에서 헛되지 않은 줄을 앎이라

핵심 성경구절 따라쓰기

Date . . .

우리의 신앙 삶은 단거리 경주가 아니라 긴 마라톤이다.
한 번의 뜨거운 신앙 열정과 한 번의 놀라운 영적 승리로
모든 것이 완성되지 않는다.
그래서 큰 승리와 벅찬 찬양의 시간이 지난 후에는
종종 메마르고 척박한 시간들이 뒤따르곤 한다.
이런 때에 우리는 낙심하거나 좌절해선 안 된다.
신앙의 페이스를 그대로 유지하면서
결승선을 향해 꾸준히 달려가야 한다.

주간 묵상일기

Date . . .

일주일을 고요히 정리하며 마음속 묵상을 기록합니다.

주간 감사기도

Date . . .

일주일을 돌아보며 회개와 감사의 기도를 기록합니다.

죄의 습관에 빠져들지 마라.

하나님의 자녀도 때로는 옛 본성을 좇아 잘못을 범할 수 있다.

하지만 유혹이 올 때마다 굴복해 버린다면

그건 죄의 습관이 된다.

핵심 성경구절

고후 1:5 그리스도의 고난이 우리에게 넘친 것 같이 우리가 받는 위로도 그리스도로 말미암아 넘치는도다

고후 4:16 그러므로 우리가 낙심하지 아니하노니 우리의 겉사람은 낡아지나 우리의 속사람은 날로 새로워지도다

고후 5:17 그런즉 누구든지 그리스도 안에 있으면 새로운 피조물이라 이전 것은 지나갔으니 보라 새 것이 되었도다

고후 7:1 그런즉 사랑하는 자들아 이 약속을 가진 우리는 하나님을 두려워하는 가운데서 거룩함을 온전히 이루어 육과 영의 온갖 더러운 것에서 자신을 깨끗하게 하자

고후 9:7 각각 그 마음에 정한 대로 할 것이요 인색함으로나 억지로 하지 말지니 하나님은 즐겨 내는 자를 사랑하시느니라

고후 10:4 우리의 싸우는 무기는 육신에 속한 것이 아니요 오직 어떠한 진도 무너뜨리는 하나님의 능력이라

핵심 성경구절 따라쓰기

Date . . .

현대인은 바쁜 삶을 살아간다.

날마다 우리의 생각과 마음을 온갖 정보들로 가득 채우고

우리의 시간을 갖가지 활동들로 가득 채운다.

우리는 바쁜 시간들을 보낸 후에

반드시 쉼의 시간을 마련해야 한다.

오직 당신과 하나님만 있는 시간을 따로 만들어

조용한 가운데 친밀하게 교제하는 시간을 가져야 한다.

그런 쉼의 시간은 당신의 신앙 삶을 기름지게 할 것이다.

주간 묵상일기

Date . . .

일주일을 고요히 정리하며 마음속 묵상을 기록합니다.

주간 감사기도

Date . . .

일주일을 돌아보며 회개와 감사의 기도를 기록합니다.

갈 1:7-8 다른 복음은 없나니 다만 어떤 사람들이 너희를 교란하여 그리스도의 복음을 변하게 하려 함이라 그러나 우리나 혹 하늘로부터 온 천사라도 우리가 너희에게 전한 복음 외에 다른 복음을 전하면 저주를 받을지어다

갈 2:20 내가 그리스도와 함께 십자가에 못 박혔나니 그런즉 이제는 내가 사는 것이 아니요 오직 내 안에 그리스도께서 사시는 것이라 이제 내가 육체 가운데 사는 것은 나를 사랑하사 나를 위하여 자기 자신을 버리신 하나님의 아들을 믿는 믿음 안에서 사는 것이라

갈 3:28 너희는 유대인이나 헬라인이나 종이나 자유인이나 남자나 여자나 다 그리스도 예수 안에서 하나이니라

갈 5:22-24 오직 성령의 열매는 사랑과 희락과 화평과 오래 참음과 자비와 양선과 충성과 온유와 절제니 이 같은 것을 금지할 법이 없느니라 그리스도 예수의 사람들은 육체와 함께 그 정욕과 탐심을 십자가에 못 박았느니라

갈 6:7-9 스스로 속이지 말라 하나님은 업신여김을 받지 아니하시나니 사람이 무엇으로 심든지 그대로 거두리라 자기의 육체를 위하여 심는 자는 육체로부터 썩어질 것을 거두고 성령을 위하여 심는 자는 성령으로부터 영생을 거두리라 우리가 선을 행하되 낙심하지 말지니 포기하지 아니하면 때가 이르매 거두리라

핵심 성경구절 따라쓰기

Date . . .

하나님은 병 속에 들어 있다가 주문으로 불러내면

"펑" 소리와 함께 나타나 소원을 들어주는

아라비안나이트의 요술사 지니가 아니다.

그런데 때로 우리는 스스로 만든 상자 안에 하나님을 넣어두려고 한다.

그래서 그분이 우리 삶에 접근하시는 것을 제한하려고 한다.

내가 필요할 때만 나타나 도와주시길 바란다.

그러나 하나님은 우리가 만든 상자 안에 제한되지 않으시고

우리 삶의 중심에 계시기를 원하신다.

주간 묵상일기

Date . . .

일주일을 고요히 정리하며 마음속 묵상을 기록합니다.

주간 감사기도

Date . . .

일주일을 돌아보며 회개와 감사의 기도를 기록합니다.

엡 1:13 그 안에서 너희도 진리의 말씀 곧 너희의 구원의 복음을 듣고 그 안에서 또한 믿어 약속의 성령으로 인치심을 받았으니

엡 2:8-9 너희는 그 은혜에 의하여 믿음으로 말미암아 구원을 받았으니 이것은 너희에게서 난 것이 아니요 하나님의 선물이라 행위에서 난 것이 아니니 이는 누구든지 자랑하지 못하게 함이라

엡 4:22-24 너희는 유혹의 욕심을 따라 썩어져 가는 구습을 따르는 옛 사람을 벗어 버리고 오직 너희의 심령이 새롭게 되어 하나님을 따라 의와 진리의 거룩함으로 지으심을 받은 새 사람을 입으라

엡 5:8-9 너희가 전에는 어둠이더니 이제는 주 안에서 빛이라 빛의 자녀들처럼 행하라 빛의 열매는 모든 착함과 의로움과 진실함에 있느니라

엡 5:16-18 세월을 아끼라 때가 악하니라 그러므로 어리석은 자가 되지 말고 오직 주의 뜻이 무엇인가 이해하라 술 취하지 말라 이는 방탕한 것이니 오직 성령으로 충만을 받으라

엡 6:10-11 끝으로 너희가 주 안에서와 그 힘의 능력으로 강건하여지고 마귀의 간계를 능히 대적하기 위하여 하나님의 전신 갑주를 입으라

핵심 성경구절 따라쓰기

Date . . .

우리 믿는 자들의 삶은 빛의 삶이어야 한다.

캄캄한 세상에 대해 빛으로 계속 타오르고 있어야 하고,

믿지 않는 자들에 대해

언제나 진리를 환히 밝혀주는 빛의 역할을 감당해야 한다.

우리가 하나님께로부터 사랑과 진리의 빛을

꾸준히 공급받을 때 언제 어디서나 항상 빛을 발할 수 있다.

하나님께서는 우리가 지치지 않고 빛을 발하도록

끊임없이 성령의 기름을 공급해주실 것이다.

주간 묵상일기

Date . . .

일주일을 고요히 정리하며 마음속 묵상을 기록합니다.

주간 감사기도

Date . . .

일주일을 돌아보며 회개와 감사의 기도를 기록합니다.

빌 1:6 너희 안에서 착한 일을 시작하신 이가 그리스도 예수의 날까지 이루실 줄을 우리는 확신하노라

빌 3:13-14 형제들아 나는 아직 내가 잡은 줄로 여기지 아니하고 오직 한 일 즉 뒤에 있는 것은 잊어버리고 앞에 있는 것을 잡으려고 푯대를 향하여 그리스도 예수 안에서 하나님이 위에서 부르신 부름의 상을 위하여 달려가노라

빌 4:13 내게 능력 주시는 자 안에서 내가 모든 것을 할 수 있느니라

골 1:13-14 그가 우리를 흑암의 권세에서 건져내사 그의 사랑의 아들의 나라로 옮기셨으니 그 아들 안에서 우리가 속량 곧 죄 사함을 얻었도다

골 1:18 그는 몸인 교회의 머리시라 그가 근본이시오 죽은 자들 가운데서 먼저 나신 이시니 이는 친히 만물의 으뜸이 되려 하심이요

골 3:1-2 그러므로 너희가 그리스도와 함께 다시 살리심을 받았으면 위의 것을 찾으라 거기는 그리스도께서 하나님 우편에 앉아 계시느니라 위의 것을 생각하고 땅의 것을 생각하지 말라

핵심 성경구절 따라쓰기

Date . . .

우리는 하나님께 가까이 다가가야 한다.
예수님은 기도하기 위해 종종 산으로 들어가셨고,
하나님과 친밀한 대화 나누는 법에 대해
“네 골방에 들어가 은밀한 중에 계신
네 아버지께 기도하라.”고 말씀하셨다.
조용한 장소에서는 우리의 주의를 하나님께
온전히 집중하는 것이 가능하다.
그러면 깊고 친밀한 대화가 가능해진다.
어떤 방식으로든
나의 ‘골방’을 만들고 그곳으로 나아가자!

주간 묵상일기

Date . . .

일주일을 고요히 정리하며 마음속 묵상을 기록합니다.

주간 감사기도

Date . . .

일주일을 돌아보며 회개와 감사의 기도를 기록합니다.

창조주 하나님 이외에

누구도 영혼의 갈망을 충족시켜 줄 수 없다.

오직 우리 영혼을 지으신 하나님만이

그 영혼의 모든 갈망을 온전히 채워주실 수 있다.

살전 2:19-20 우리의 소망이나 기쁨이나 자랑의 면류관이 무엇이냐 그가 강림하실 때 우리 주 예수 앞에 너희가 아니냐 너희는 우리의 영광이요 기쁨이라

살전 5:5-6 너희는 다 빛의 아들이요 낮의 아들이라 우리가 밤이나 어둠에 속하지 아니하나니 그러므로 우리는 다른 이들과 같이 자지 말고 오직 깨어 정신을 차릴지라

살전 5:16-18 항상 기뻐하라 쉬지 말고 기도하라 범사에 감사하라 이것이 그리스도 예수 안에서 너희를 향하신 하나님의 뜻이니라

살후 2:16-17 우리 주 예수 그리스도와 우리를 사랑하시고 영원한 위로와 좋은 소망을 은혜로 주신 하나님 우리 아버지께서 너희 마음을 위로하시고 모든 선한 일과 말에 굳건하게 하시기를 원하노라

살후 3:10,12 우리가 너희와 함께 있을 때에도 너희에게 명하기를 누구든지 일하게 싫어하거든 먹지도 말게 하라 하였더니 이런 자들에게 우리가 명하고 주 예수 그리스도 안에서 권하기를 조용히 일하여 자기 양식을 먹으라 하노라

핵심 성경구절 따라쓰기

Date . . .

약속은 무얼 하겠다고 공개적으로 다짐하는 것이다.
따라서 그것은 지킬 의무가 있다.
약속을 어기면 우리는 신뢰성과 성실성을 잃어버리게 되고,
그것은 결국 다른 사람들로 하여금
우리가 믿는 하나님의 성품도 의심하게 만든다.
그러므로 성급한 약속은 하지 말라.
만일 어떤 약속을 했으면 힘들지라도 꼭 지켜라.
그것이 약속을 반드시 지키시는
신실한 하나님을 믿는 성도의 삶이다.

주간 묵상일기

Date . . .

일주일을 고요히 정리하며 마음속 묵상을 기록합니다.

주간 감사기도

Date . . .

일주일을 돌아보며 회개와 감사의 기도를 기록합니다.

딤전 1:18-19 아들 디모데야 내가 네게 이 교훈으로써 명하노니 전에 너를 지도한 예언을 따라 그것으로 선한 싸움을 싸우며 믿음과 착한 양심을 가지라 어떤 이들은 이 양심을 버렸고 그 믿음에 관하여는 파선하였느니라

딤전 6:10 돈을 사랑함이 일만 악의 뿌리가 되나니 이것을 탐내는 자들은 미혹을 받아 믿음에서 떠나 많은 근심으로써 자기를 찔렀도다

딤후 2:15 너는 진리의 말씀을 옳게 분별하며 부끄러울 것이 없는 일꾼으로 인정된 자로 자신을 하나님 앞에 드리기를 힘쓰라

딤후 3:16-17 모든 성경은 하나님의 감동으로 된 것으로 교훈과 책망과 바르게 함과 의로 교육하기에 유익하니 이는 하나님의 사람으로 온전하게 하며 모든 선한 일을 행할 능력을 갖추게 하려 함이라

딤후 4:7-8 나는 선한 싸움을 싸우고 나의 달려갈 길을 마치고 믿음을 지켰으니 이제 후로는 나를 위하여 의의 면류관이 예비되었으므로 주 곧 의로우신 재판장이 그날에 내게 주실 것이며 내게만 아니라 주의 나타나심을 사모하는 모든 자에게도니라

핵심 성경구절 따라쓰기

Date . . .

구약시대에 하나님의 백성인 이스라엘 사람들은
먹는 것과 입는 것에서, 그리고 하루나 한 주나 한 해를
살아가는 방식에서 이방 사람들과는 확연히 달랐다.
그들은 삶의 모든 면에서 자신들이
거룩하신 하나님께 속해 있다는 것을 보여주었다.
오늘날 우리 믿는 자들도
말하는 것, 입는 것, 행동하는 것 등을 통해
믿지 않는 세상 사람들에게
우리가 하나님의 자녀란 사실을 보여줘야 한다.

주간 묵상일기

Date . . .

일주일을 고요히 정리하며 마음속 묵상을 기록합니다.

주간 감사기도

Date . . .

일주일을 돌아보며 회개와 감사의 기도를 기록합니다.

딛 1:15-16 깨끗한 자들에게는 모든 것이 깨끗하나 더럽고 믿지 아니하는 자들에게는 아무 것도 깨끗한 것이 없고 오직 그들의 마음과 양심이 더러운지라 그들이 하나님을 시인하나 행위로는 부인하니 가증한 자요 복종하지 아니하는 자요 모든 선한 일을 버리는 자니라

딛 2:14 그가 우리를 대신하여 자신을 주심은 모든 불법에서 우리를 속량하시고 우리를 깨끗하게 하사 선한 일을 열심히 하는 자기 백성이 되게 하려 하심이라

딛 3:9-11 그러나 어리석은 변론과 족보 이야기와 분쟁과 율법에 대한 다툼은 피하라 이것은 무익한 것이요 헛된 것이니라 이단에 속한 사람을 한두 번 훈계한 후에 멀리하라 이러한 사람은 네가 아는 바와 같이 부패하여서 스스로 정죄한 자로서 죄를 짓느니라

몬 1:10-12 갇힌 중에서 낳은 아들 오네시모를 위하여 네게 간구하노라 그가 전에는 네게 무익하였으나 이제는 나와 네게 유익하므로 네게 그를 돌려보내노니 그는 내 심복이라

몬 1:20-21 오 형제여 나로 주 안에서 너로 말미암아 기쁨을 얻게 하고 내 마음이 그리스도 안에서 평안하게 하라 나는 네가 순종할 것을 확신하므로 네게 썼노니 네가 내게 말한 것보다 더 행할 줄을 아노라

핵심 성경구절 따라쓰기

Date . . .

오늘날 우리는 인생의 계획이

뜻대로 풀려가지 않을 때

쉽게 낙심하고 자주 불평한다.

현실의 어려움에 직면하면, 우리는 곧잘 하나님이 과거에

우리를 위해 공급해주신 여러 선한 일들을 간과한다.

그러나 하나님은 우리가 불평으로

헛된 시간을 낭비하는 것을 원치 않으신다.

우리는 불평을 접고 감사의 날개를 펼쳐야 한다.

하나님이 이미 베풀어주신 크신 은혜를 찬송해야 한다.

주간 묵상일기

Date . . .

일주일을 고요히 정리하며 마음속 묵상을 기록합니다.

주간 감사기도

Date . . .

일주일을 돌아보며 회개와 감사의 기도를 기록합니다.

히 2:18 그가 시험을 받아 고난을 당하셨은즉 시험 받는 자들을 능히 도우실 수 있느니라

히 4:12 하나님의 말씀은 살아 있고 활력이 있어 좌우에 날선 어떤 검보다도 예리하여 혼과 영과 및 관절과 골수를 찔러 쪼개기까지 하며 또 마음의 생각과 뜻을 판단하나니

히 4:15 우리에게 있는 대제사장은 우리의 연약함을 동정하지 못하실 이가 아니요 모든 일에 우리와 똑같이 시험을 받으신 이로되 죄는 없으시니라

히 9:22 율법을 따라 거의 모든 물건이 피로써 정결하게 되나니 피 흘림이 없은즉 사함이 없느니라

히 11:1-2 믿음은 바라는 것들의 실상이요 보이지 않는 것들의 증거니 선진들이 이로써 증거를 얻었느니라

히 12:2 믿음의 주요 또 온전하게 하시는 이인 예수를 바라보자 그는 그 앞에 있는 기쁨을 위하여 십자가를 참으사 부끄러움을 개의치 아니하시더니 하나님 보좌 우편에 앉으셨느니라

핵심 성경구절 따라쓰기

Date . . .

어떤 의미에서 인생은 선택의 연속이다.

무언가를 선택할 때, 우리는 다양한 사람들로부터

다양한 충고를 듣게 된다. 이러한 때 우리는

누구의 말을 듣고, 또 어떤 선택을 해야 할까?

이때 스스로에게 중요한 질문을 던져보아야 한다.

누가 문제를 '하나님의 관점'에서 보고 있는가?

바로 그 사람의 말을 따르는 것이 올바른 선택이다.

그 선택은 하나님이 원하시는 믿음의 선택이기 때문이다.

주간 묵상일기

Date . . .

일주일을 고요히 정리하며 마음속 묵상을 기록합니다.

주간 감사기도

Date . . .

일주일을 돌아보며 회개와 감사의 기도를 기록합니다.

세상에서 가장 아름다운 사람은

항상 자신을 죄인이라고 생각하는 의인이다.

반대로, 가장 역겹고 추한 사람은

항상 자신을 의롭다고 생각하는 죄인이다.

약 1:12 시험을 참는 자는 복이 있나니 이는 시련을 견디어 낸 자가 주께서 자기를 사랑하는 자들에게 약속하신 생명의 면류관을 얻을 것이기 때문이라

약 1:14-15 오직 각 사람이 시험을 받는 것은 자기 욕심에 끌려 미혹됨이니 욕심이 잉태한즉 죄를 낳고 죄가 장성한즉 사망을 낳느니라

약 2:26 영혼 없는 몸이 죽은 것 같이 행함이 없는 믿음은 죽은 것이니라

약 4:7-8 그런즉 너희는 하나님께 복종할지어다 마귀를 대적하라 그리하면 너희를 피하리라 하나님을 가까이 하라 그리하면 너희를 가까이 하시리라

약 5:7-8 그러므로 형제들아 주께서 강림하시기까지 길이 참으라 보라 농부가 땅에서 나는 귀한 열매를 바라고 길이 참아 이른 비와 늦은 비를 기다리나니 너희도 길이 참고 마음을 굳건하게 하라 주의 강림이 가까우니라

약 5:19-20 내 형제들아 너희 중에 미혹되어 진리를 떠난 자를 누가 돌아서게 하면 너희가 알 것은 죄인을 미혹된 길에서 돌아서게 하는 자가 그의 영혼을 사망에서 구원할 것이며 허다한 죄를 덮을 것임이라

핵심 성경구절 따라쓰기

Date . . .

새로운 일에 도전한다는 것은 가슴 떨리는 일이다.
두려움이 앞서는 일이기도 하다.
그때 우리는 자칫 부정적인 생각에 사로잡히기 쉽다.
도전의 장벽이 얼마나 높고 강한지를 생각하면서
지레 움츠러들기도 한다. 하지만 장애물을 보지 말고,
꿈과 비전을 갖고 하나님을 의뢰하라.
그 일이 하나님께서 기뻐하시는 일이라면,
하나님의 도우심을 확신하고 믿음으로 뛰어들어라.

주간 묵상일기

Date . . .

일주일을 고요히 정리하며 마음속 묵상을 기록합니다.

주간 감사기도

Date . . .

일주일을 돌아보며 회개와 감사의 기도를 기록합니다.

벧전 1:3-4 우리 주 예수 그리스도의 아버지 하나님을 찬송하리로다 그의 많으신 긍휼대로 예수 그리스도를 죽은 자 가운데서 부활하게 하심으로 말미암아 우리를 거듭나게 하사 산 소망이 있게 하시며 썩지 않고 더럽지 않고 쇠하지 아니하는 유업을 잇게 하시나니 곧 너희를 위하여 하늘에 간직하신 것이라

벧전 2:9 그러나 너희는 택하신 족속이요 왕 같은 제사장들이요 거룩한 나라요 그의 소유가 된 백성이니 이는 너희를 어두운 데서 불러내어 그의 기이한 빛에 들어가게 하신 이의 아름다운 덕을 선포하게 하려 하심이라

벧전 4:7-8 만물의 마지막이 가까이 왔으니 그러므로 너희는 정신을 차리고 근신하여 기도하라 무엇보다도 뜨겁게 서로 사랑할지니 사랑은 허다한 죄를 덮느니라

벧후 1:20-21 먼저 알 것은 성경의 모든 예언은 사사로이 풀 것이 아니니 예언은 언제든지 사람의 뜻으로 낸 것이 아니요 오직 성령의 감동하심을 받은 사람들이 하나님께 받아 말한 것임이라

벧후 3:8-9 사랑하는 자들아 주께는 하루가 천 년 같고 천 년이 하루 같다는 이 한 가지를 잊지 말라 주의 약속은 어떤 이들이 더디다고 생각하는 것 같이 더딘 것이 아니라 오직 주께서는 너희를 대하여 오래 참으사 아무도 멸망하지 아니하고 다 회개하기에 이르기를 원하시느니라

핵심 성경구절 따라쓰기

Date . . .

성경의 계명과 율법으로 인해

부담스러워하지 말자.

하나님은 두꺼운 돋보기를 끼고 우리가 하는 모든 일에

일일이 점수를 매기는 심사관이 아니다.

또한 우리 역시 계명의 허들을 넘으면

점수를 따는 도덕 선수들이 아니다.

하나님과 우리의 관계는 근본적으로 사랑의 관계다.

하나님의 계명들은 우리에게 복을 주시기 위해

무엇이 옳고 무엇이 그른지를 알려주는

인생길의 매뉴얼이다.

주간 묵상일기

Date . . .

일주일을 고요히 정리하며 마음속 묵상을 기록합니다.

주간 감사기도

Date . . .

일주일을 돌아보며 회개와 감사의 기도를 기록합니다.

요일 1:8-9 만일 우리가 죄가 없다고 말하면 스스로 속이고 또 진리가 우리 속에 있지 아니할 것이요 만일 우리가 우리 죄를 자백하면 그는 미쁘시고 의로우사 우리 죄를 사하시며 우리를 모든 불의에서 깨끗하게 하실 것이요

요일 2:15-16 이 세상이나 세상에 있는 것들을 사랑하지 말라 누구든지 세상을 사랑하면 아버지의 사랑이 그 안에 있지 아니하니 이는 세상에 있는 모든 것이 육신의 정욕과 안목의 정욕과 이생의 자랑이니 다 아버지께로부터 온 것이 아니요 세상으로부터 온 것이라

요일 4:1 사랑하는 자들아 영을 다 믿지 말고 오직 영들이 하나님께 속하였나 분별하라 많은 거짓 선지자가 세상에 나왔음이라

요일 4:10-11 사랑은 여기 있으니 우리가 하나님을 사랑한 것이 아니요 하나님이 우리를 사랑하사 우리 죄를 속하기 위하여 화목 제물로 그 아들을 보내셨음이라 사랑하는 자들아 하나님이 이같이 우리를 사랑하셨은즉 우리도 서로 사랑하는 것이 마땅하도다

요일 5:3 하나님을 사랑하는 것은 이것이니 우리가 그의 계명들을 지키는 것이라 그의 계명들은 무거운 것이 아니로다

핵심 성경구절 따라쓰기

Date . . .

성경은 오직 하나님만이 우리의 안전한 피난처요
돕는 방패라는 사실을 거듭 강조한다.
그런데도 오늘날의 우리는 종종 하나님 이외의
다른 것들에서 안전을 찾고 도움을 구하려 한다.
정부의 보장제도, 통장의 잔고나 적금,
세상의 권력과 명예 등에서 안전과 도움을 찾는다.
그러나 천지가 흔들리고 세상이 급변할지라도
우리가 끝까지 믿고 의지할 수 있는 분은
영원토록 하나님뿐이다.

주간 묵상일기

Date . . .

일주일을 고요히 정리하며 마음속 묵상을 기록합니다.

주간 감사기도

Date . . .

일주일을 돌아보며 회개와 감사의 기도를 기록합니다.

요이 1:5 부녀여, 내가 이제는 네게 구하노니 서로 사랑하자 이는 새 계명같이 네게 쓰는 것이 아니요 처음부터 우리가 가진 것이라

요이 1:7-8 미혹하는 자가 세상에 많이 나왔나니 이는 예수 그리스도께서 육체로 오심을 부인하는 자라 이런 자가 미혹하는 자요 적그리스도니 너희는 스스로 삼가 우리가 일한 것을 잃지 말고 오직 온전한 상을 받으라

요삼 1:2 사랑하는 자여 네 영혼이 잘됨같이 네가 범사에 잘되고 강건하기를 내가 간구하노라

요삼 1:11 사랑하는 자여 악한 것을 본받지 말고 선한 것을 본받으라 선을 행하는 자는 하나님께 속하고 악을 행하는 자는 하나님을 뵈옵지 못하였느니라

유 1:11 화 있을진저 이 사람들이여, 가인의 길에 행하였으며 삯을 위하여 발람의 어그러진 길로 몰려갔으며 고라의 패역을 따라 멸망을 받았도다

유 1:20-21 사랑하는 자들아 너희는 너희의 지극히 거룩한 믿음 위에 자신을 세우며 성령으로 기도하며 하나님의 사랑 안에서 자신을 지키며 영생에 이르도록 우리 주 예수 그리스도의 긍휼을 기다리라

핵심 성경구절 따라쓰기

Date . . .

사람들은 대부분 듣기 싫은 말을
멀리하고 듣고 싶은 말을 가까이한다.
그러나 지혜로운 자는 듣기 싫어하는 말일지라도
자신에게 진리를 말해주는 자들의 말에 귀를 기울인다.
중요한 것은 '내가 무엇을 더 좋아하느냐'가 아니라
'어떤 것이 진실이냐' 하는 것이다.
당장은 듣기 싫더라도 진실에 귀를 기울이면,
우리의 인생에서 일어날지 모를
많은 불행한 일들을 피할 수 있다.

주간 묵상일기

Date . . .

일주일을 고요히 정리하며 마음속 묵상을 기록합니다.

주간 감사기도

Date . . .

일주일을 돌아보며 회개와 감사의 기도를 기록합니다.

계 1:3 이 예언의 말씀을 읽는 자와 듣는 자와 그 가운데에 기록한 것을 지키는 자는 복이 있나니 때가 가까움이라

계 3:20 볼지어다 내가 문 밖에 서서 두드리노니 누구든지 내 음성을 듣고 문을 열면 내가 그에게로 들어가 그와 더불어 먹고 그는 나와 더불어 먹으리라

계 7:13-14 장로 중 하나가 응답하여 나에게 이 흰 옷 입은 자들이 누구며 또 어디서 왔느냐 내가 말하기를 내 주여 당신이 아시나이다 하니 그가 나에게 이르되 이는 큰 환난에서 나오는 자들인데 어린 양의 피에 그 옷을 씻어 희게 하였느니라

계 14:1 또 내가 보니 보라 어린 양이 시온 산에 섰고 그와 함께 십사만 사천이 서 있는데 그들의 이마에는 어린 양의 이름과 그 아버지의 이름을 쓴 것이 있더라

계 21:1 또 내가 새 하늘과 새 땅을 보니 처음 하늘과 처음 땅이 없어졌고 바다도 다시 있지 않더라

계 22:20 이것들을 증언하신 이가 이르시되 내가 진실로 속히 오리라 하시거늘 아멘 주 예수여 오시옵소서

핵심 성경구절 따라쓰기

Date . . .

성경에는 수많은 이름들이 등장한다.
우리에게 익숙한 이름들도 있지만
대부분은 생소하거나 아예 모르는 이름들이다.
그러나 하나님은 그 사람들의 이름뿐만 아니라
그들에 관한 모든 것을 다 알고 계신다.
오늘날 하나님은 나의 이름은 물론이고
나의 모든 것을 알고 계신다.
그분은 진정 나를 사랑하시며
온 우주보다 더 소중히 여기신다.
하나님에게 당신은 아주 특별한 존재다.

주간 묵상일기

Date . . .

일주일을 고요히 정리하며 마음속 묵상을 기록합니다.

주간 감사기도

Date . . .

일주일을 돌아보며 회개와 감사의 기도를 기록합니다.

토닥토닥 묵상성경

2021년 11월 10일 초판 1쇄 발행

지은이 편집부
발행처 (유) 성서원
출판등록 1997년 7월 8일 (제300-1997-79호)
창업일 1972년 2월 1일
주 소 경기도 고양시 덕양구 덕은로 60-12 우) 10541
전 화 (02)765-0011~17
팩 스 (02)743-6811
성서원 홈페이지 www.biblehouse.co.kr
페이스북 · E-mail saebut-9106@hanmail.net

ISBN 978-89-360-2747-6 03230